Anja Schirmer

Kleine Sprachforscher auf der Spur von VERBEN

Wortarten in der Grundschule mit verschiedenen Textsorten erforschen, beschreiben und anwenden

Wir haben uns für die Schreibweise mit dem Sternchen entschieden, damit sich Frauen, Männer und alle Menschen, die sich anders bezeichnen, gleichermaßen angesprochen fühlen. Aus Gründen der besseren Lesbarkeit für die Schüler*innen verwenden wir in den Kopiervorlagen das generische Maskulinum. Bitte beachten Sie jedoch, dass wir in Fremdtexten anderer Rechtegeber*innen die Schreibweise der Originaltexte belassen mussten.

In diesem Werk sind nach dem MarkenG geschützte Marken und sonstige Kennzeichen für eine bessere Lesbarkeit nicht besonders kenntlich gemacht. Es kann also aus dem Fehlen eines entsprechenden Hinweises nicht geschlossen werden, dass es sich um einen freien Warennamen handelt.

1. Auflage 2022
© 2022 Auer Verlag, Augsburg
AAP Lehrerwelt GmbH
Alle Rechte vorbehalten.

Das Werk als Ganzes sowie in seinen Teilen unterliegt dem deutschen Urheberrecht. Der*die Erwerber*in der Einzellizenz ist berechtigt, das Werk als Ganzes oder in seinen Teilen für den eigenen Gebrauch und den Einsatz im eigenen Präsenz- oder Distanzunterricht zu nutzen.

Produkte, die aufgrund ihres Bestimmungszweckes zur Vervielfältigung und Weitergabe zu Unterrichtszwecken gedacht sind (insbesondere Kopiervorlagen und Arbeitsblätter), dürfen zu Unterrichtszwecken vervielfältigt und weitergegeben werden. Die Nutzung ist nur für den genannten Zweck gestattet, nicht jedoch für einen schulweiten Einsatz und Gebrauch, für die Weiterleitung an Dritte einschließlich weiterer Lehrkräfte, für die Veröffentlichung im Internet oder in (Schul-)Intranets oder einen weiteren kommerziellen Gebrauch. Mit dem Kauf einer Schullizenz ist die Schule berechtigt, die Inhalte durch alle Lehrkräfte des Kollegiums der erwerbenden Schule sowie durch die Schüler*innen der Schule und deren Eltern zu nutzen. Nicht erlaubt ist die Weiterleitung der Inhalte an Lehrkräfte, Schüler*innen, Eltern, andere Personen, soziale Netzwerke, Downloaddienste oder Ähnliches außerhalb der eigenen Schule. Eine über den genannten Zweck hinausgehende Nutzung bedarf in jedem Fall der vorherigen schriftlichen Zustimmung des Verlags.

Sind Internetadressen in diesem Werk angegeben, wurden diese vom Verlag sorgfältig geprüft. Da wir auf die externen Seiten weder inhaltliche noch gestalterische Einflussmöglichkeiten haben, können wir nicht garantieren, dass die Inhalte zu einem späteren Zeitpunkt noch dieselben sind wie zum Zeitpunkt der Drucklegung. Der Auer Verlag übernimmt deshalb keine Gewähr für die Aktualität und den Inhalt dieser Internetseiten oder solcher, die mit ihnen verlinkt sind, und schließt jegliche Haftung aus.

Autor*innen: Anja Schirmer
Umschlagfoto: Stock-Fotografie-ID: 55004858; Syda Productions
Covergestaltung: Nicole Sandner, Nordendorf
Illustrationen: Kristina Klotz
Satz: Fotosatz H. Buck, Kumhausen
Druck und Bindung: Franz X. Stückle Druck und Verlag e.K.
ISBN 978-3-403-08285-9

www.auer-verlag.de

Inhaltsverzeichnis

Vorwort 4

Einführung 5

Einsatz des Konzeptes im Unterricht 8
    Kopiervorlage „Drei-Finger-Probe" 14
    Kopiervorlage „Symbole für das Sprachforscherritual" 14
    Kopiervorlage „Wortschatztraining – Auftragskarten" 15

Forscherstation: Verben erkennen
(Sport überall) 16

Forscherstation: Konjugation von Verben
(Sportfest in der Schule) 32

Forscherstation: Verben in den Zeitformen Präsens und Präteritum
(Die Olympischen Spiele) 52

Forscherstation: Verben im Perfekt
(Interview mit einem Fußballprofi) 66

Forscherstation: Verben im Futur und im Imperativ
(Sport der Zukunft – schon heute) 77

Forscher-Finale: Verben 90
    VERB-Spiel: Forscherjagd 90
    Wissenstest VERBEN 91
    Forscherdiplom 92

Vorwort

Verben spielen in Sätzen eine sehr wichtige Rolle. Ohne sie würden wir den Inhalt eines Satzes nicht verstehen, denn von der Valenz eines Verbs hängt ab, wie ein Satz beschaffen ist. Aus meiner eigenen Erfahrung weiß ich, dass Kinder besonders gut über eine Wortart nachdenken können, wenn man sie danach fragt, was wäre, wenn es diese Wortart nicht gäbe? So denken sie über die Bedeutung der Wortart und über ihre Funktion nach. Wenn Grammatikunterricht effektiv und spannend sein soll, muss er das eigenaktive Entdecken und Erforschen fördern und fordern, denn Kinder sind begeisterte Forscher*innen und sie tauschen ihre Beobachtungen gern untereinander aus.

Die Aufgaben des vorliegenden Bandes legen den Fokus daher genau darauf: Sie fördern und fordern gezielt das eigenaktive Entdecken und Erforschen sprachlicher Strukturen. Hierbei lernen die Kinder als kleine Sprachforscher*innen die Funktion, die Eigenschaften, die Merkmale und die Konjugation von Verben anhand von Texten verschiedener Textsorten und Sprachforscheraufgaben kennen. Sie erweitern ihren Wortschatz und üben gleichzeitig die richtige Rechtschreibung von Verben. Denn der Sinn des Grammatikunterrichts liegt nicht nur darin, die korrekte Schreibweise (in diesem Fall von Verben) zu erlernen, sondern auch das erlernte Wissen beim spontanen Schreiben anzuwenden. Die Anbindung an Texte, die die Kinder vorab inhaltlich erfasst haben, ermöglicht die erfolgreiche Bearbeitung formenbezogener und zum Teil auch komplexer Aufgaben der Sprachbetrachtung. Die Abstraktionsleistung, ein Wort als eine grammatikalische Einheit zu begreifen, wird durch die semantische Entlastung erst ausführbar. Die Grammatikarbeit wird somit an Inhalte angebunden und für die Kinder bedeutungsvoll.

Ausgangspunkt der Forscherreise sind dabei verschiedene **Forschertexte** auf zwei Niveaustufen je Forscherstation zum Thema Sport. Mit **Forscher-**, **Versuchs-**, **Anwendungs-** und **Schreibaufträgen** gehen die Kinder eigenständig auf Entdeckungsreise. Sie lernen dabei die Wortart Verben und ihre Merkmale kennen und erarbeiten sich Regeln, um Verben zu erkennen, indem sie zunächst eine Hypothese bilden (Forscheraufträge), diese überprüfen (Versuchsaufträge) und anschließend anwenden (Anwendungs- und Schreibaufträge).

Den Abschluss der Forscherreise zum Thema Verben bildet ein **Wissenstest.** Nach erfolgreicher Bearbeitung des Wissenstests erhalten die Kinder ein **Forscherdiplom.**

Alle Materialien liegen als kopierbare Arbeitsblätter vor; sie eignen sich für den Einsatz im Unterricht, als Hausaufgaben oder zur inneren Differenzierung.

Eine einführende Lehrkraftseite bietet einen Überblick über wichtige Informationen zur Forscherstation, eine grobe Zeiteinteilung und Musterlösungen.

Das Konzept bindet das Erlernen von Grammatik- und Rechtschreibwissen zudem auf ganzheitliche Weise mit einem **Wortschatztraining.** Darüber hinaus sind **kooperative Lernformen** und **Wortspiele** Bestandteil des Konzepts.

Folgende Icons werden auf den Kopiervorlagen für die Schüler*innen verwendet:

Einführung

Das Verb

Verben machen im Durchschnitt ungefähr ein Fünftel eines Textes aus. Als Wortart haben sie die besondere Eigenschaft, dass wir von vielen Verben weit über hundert verschiedene Formen bilden können. Es gibt sechs Personalformen, die sich in sechs Zeitformen potenzieren, von denen wiederum einige zum Beispiel in zwei unterschiedlichen Konjunktiven vorkommen. Und nicht zu vergessen sind die unterschiedlichen Passivformen.

Auf semantischer Ebene ist ein Satz ohne Verb nur schwer zu verstehen. Verben erzählen, was passiert. Sie beschreiben eine Tätigkeit oder ein Geschehen.

Verben begegnen uns in drei **semantischen** Hauptgruppen:
1. Verben, die eine **Handlung** beschreiben, z. B.: spielen, rennen, werfen.
2. Verben, die einen **Vorgang** beschreiben, z. B.: schlafen, aufwachen, wachsen.
3. Verben, die einen **Zustand** beschreiben, z. B.: stehen, wohnen, liegen.

Verben können auf der **syntaktischen Ebene** vielfältige Flexionsformen bilden:

Es gibt **infinite Verbformen:**
- den **Infinitiv**, z. B.: spiel-en, renn-en
- das **Partizip I**, z. B.: spiel-end, renn-end

Und es gibt **finite Verbformen**, d. h. Verben, die zum Ausdruck grammatikalischer Merkmale verändert werden. Die Veränderungen des Verbs nennt man Konjugation. Im Deutschen haben wir regelmäßige und unregelmäßige Verben. Erstere werden durch äußere Flexion auf regelmäßige Weise gebildet, die unregelmäßigen Verben hingegen verändern ihren Wortstamm und werden durch die innere und äußere Flexion gebildet. Verben werden nach fünf Konjugationsmerkmalen gebildet:
- die **Personalformen** 1., 2., 3. Person, z. B.: Ich spiel-e./Du spiel-st. Er/sie/es spiel-t./Ich seh-e. Du sieh-st. Er/sie/es sieh-t.
- die **Anzahlformen (Numerus)** Singular und Plural, z. B.: Ich spiel-e. Wir spiel-en./Ich seh-e. Wir seh-en.
- die **Zeitformen (Tempus)**, z. B.: Ich spiele./Ich sehe. (Präsens); Ich spielte./Ich sah. (Präteritum)
- die **Handlungsrichtung** (Genus Verbi): Aktiv und Passiv, z. B.: Ich spiel-e. Der Platz wird be-spiel-t./Ich seh-e. Der Platz wird ge-seh-en.
- den **Modus**: Indikativ, Imperativ, Konjunktiv I, Konjunktiv II: Ich spiel-e./Ich seh-e. Spiel!/Sieh! Ich spiel-e./Ich seh-e. Ich spiel-te./Ich säh-e.

Das finite Verb steht in engster Verbindung mit einem Subjekt, z. B.: Er spiel-t. Wir spiel-en.
Man unterscheidet **intransitive Verben** und **transitive Verben**. Erstere können ausschließlich in einer Beziehung zu einem Subjekt stehen und fordern kein zusätzliches Objekt, z. B.: Er spielt. Er sieht. Transitive Verben fordern neben dem Subjekt ein oder zwei Objekte, z. B.: Er hilft ihr. Sie warten auf den Beginn.

Des Weiteren gibt es **reflexive Verben**, die mit einem Reflexivpronomen verwendet werden. Es gibt solche, die mit einem Pronomen, das kein Objekt ist, gebildet werden, z. B.: Ich beeile mich. Ich kenne mich aus. Und es gibt Verben, die mit einem Pronomen, das ein Objekt ist, verbunden werden, z. B.: Ich ärgere mich. Ich kämme mich.

Die **Hilfsverben** (haben, sein und werden) dienen vor allem der Bildung der Zeitformen Perfekt, Plusquamperfekt, Futur I und Futur II sowie des Passivs. Es gibt Verben, die ihre Zeitform mit haben bilden, andere benötigen dafür sein, z. B.: Ich habe gelacht. Ich bin gerannt. Die Verben haben und sein können außerdem sowohl als **Vollverben** (z. B.: Die Kinder sind in der Sporthalle. Sie haben Sport.), als auch als Funktionsverben (z. B.: Die Polizisten sind pausenlos im Einsatz. Du hast recht.) verwendet werden.

Modalverben sind im Deutschen die Verben dürfen, können, mögen, müssen, sollen und wollen. Diese Verben benötigen in der Regel ein weiteres Vollverb, das im Infinitiv verwendet wird, z. B.: Ich darf rennen. Ich kann rennen. Ich mag rennen. Ich muss rennen. Ich soll rennen. Ich will rennen.

Einführung

Modalverben ändern den Inhalt einer Aussage. So kann man zwischen folgenden Modalitäten unterscheiden:
- dürfen: Möglichkeit, Erlaubnis, Verbot, Aufforderung
- können: Möglichkeit, Fähigkeit, Erlaubnis
- mögen: Wunsch, Gefallen, Einräumung, Aufforderung
- müssen: Notwendigkeit
- sollen: Notwendigkeit, Aufforderung, Ziel, Ratschlag, Bedingung, Zukunft, Vermutung
- wollen: Wunsch, Wille, Absicht, Notwendigkeit, Aufforderung, Zukunft

Modalverben lassen sich auch als **Vollverben** verwenden, z. B.: Die Kinder dürfen das nicht. Die Lehrkraft möchte das nicht.

Für alle Verben gilt: Sie können durch Präfixe (weg-rennen, vor-rennen) und Zusammensetzungen (klein-halten, fertig-stellen) erweitert werden.

Hinweis: Das Perfekt wird häufig beim mündlichen Erzählen (z. B. Morgenkreis) verwendet. Das Präteritum ist die Vergangenheitsform, die bei schriftlichen Texten verwendet wird, z. B. Märchen, Erzähltexten. Auch das Futur I nutzen wir im Mündlichen und in der Umgangssprache selten.

Die Drei-Finger-Probe

Kinder lernen mit ihrem Körper und nutzen diesen, um Wissen zu speichern und zu behalten. Die Hand wird von Kindern intuitiv zum Zählen und Memorieren von Reihenfolgen genutzt. Aus diesem Grund kann die Drei-Finger-Probe eingeführt werden, die den Kindern als Hilfe zur Erkennung der Wortart dient (s. hierzu Kopiervorlage). Die Kinder können die Drei-Finger-Probe in jeder Phase der einzelnen Forscherstationen nutzen und anhand dieser Probe beweisen, ob ein Wort ein Verb ist oder nicht:

Vorgehen:
1. Probe ⟶ Prüfe, ob das Wort im Text kleingeschrieben wird.
2. Probe ⟶ Prüfe, ob mit dem Wort ausgedrückt wird, was jemand tut oder was geschieht.
3. Probe ⟶ Prüfe, ob man das Wort beugen (verändern) kann.

Das Konzept

Die Wortart Verb mit verschiedenen Textsorten erforschen

Es gibt insgesamt fünf Forscherstationen, deren Lerninhalte variieren. Der Ausgangspunkt jeder Forscherstation ist ein **Forschertext** auf zwei unterschiedlichen Niveaustufen (1 = leicht und 2 = schwer). Die Texte unterscheiden sich in der Wortanzahl, in der Anzahl der Verben und in der Komplexität der Satzstruktur.

Zu jedem Forschertext erhalten die Kinder **Forscheraufträge**. Die Forscheraufträge sollen die Kinder dabei unterstützen, eine Hypothese in Bezug auf das Verb herauszuarbeiten, z. B.: Verben geben an, was jemand tut oder was geschieht. Mithilfe dieser Forscheraufträge entwickeln die Kinder eine fragende Haltung und üben, Problemstellungen zu definieren. In dieser Phase der Hypothesenbildung sind die Kinder aufgefordert, eigene Vermutungen aufzustellen.

Begleitend zum Forschertext werden alle Verben aus dem Text auf einzelnen Wortkarten angeboten (**Verben-Wortschatz**), sodass die Kinder diese Verben wiederholen und festigen können. Passend hierzu finden sich **Auftragskarten für das Wortschatztraining**, die als Basis für eine Unterrichtsstunde, als Hausaufgabe oder zur inneren Differenzierung genutzt werden können.

In einem nächsten Schritt schließen sich **Versuchsaufträge** an, die sich auf die herausgearbeitete Problemstellung/Hypothese stützen und mit denen die Kinder ihre Hypothese überprüfen können. In dieser Phase des Versuchens und Ausprobierens können die Kinder mit Sprache experimentieren, indem sie entdecken, vergleichen und ausprobieren, auf bereits vorhandenes Wissen zurückgreifen und dieses auf die aktuelle Problemstellung übertragen.

Einführung

Den Versuchsaufträgen folgen **Anwendungsaufgaben,** bei denen die Kinder die gewonnenen Erkenntnisse auswerten und ihr erarbeitetes Wissen (z. B. Verben geben an, was jemand tut.) auf konkrete Beispiele anwenden können.

Den Abschluss einer jeden Forscherstation bilden **Schreibaufträge**, mit denen die Kinder das erworbene Wissen beim Schreiben anwenden und vertiefen können.

Dokumentiert wird die Arbeit an den einzelnen Forscherstationen mithilfe eines **Sprachforscherpasses**. Eine Wissens- und Erkenntniskarte, die sich auf dem Sprachforscherpass findet, dient den Kindern dazu, die wichtigsten Erkenntnisse in Bezug auf das Verb noch einmal festzuhalten.

Neben den verschiedenen Phasen der Forscherstation und dem Wortschatztraining sind **kooperative Lernformen** und **Spiele** Bestandteil des Konzepts. Mit den Spielen kann die Aufmerksamkeit der Kinder auf die Wortart Verben gelenkt und das ganzheitliche Erleben und Erproben von Sprache ermöglicht werden. Sie können und sollten innerhalb, vor oder nach einer Unterrichtseinheit zum Einsatz kommen.

Zum Abschluss der Forscherreise, also nach Bearbeitung aller fünf Forscherstationen, erhalten die Kinder ein **Forscherdiplom**. Zuvor kann ein **Wissenstest** durchgeführt werden, in dem alle Lerninhalte zum Verb wiederholt und mit dem das erworbene Wissen überprüft werden kann. Das Besondere an diesem Wissenstest ist, dass er allgemein gehalten und somit flexibel auf jeden beliebigen Text anwendbar ist. Die Lehrkraft kann einen Text auswählen, der entweder zum aktuellen Unterrichtsthema passt oder der bei den Kindern inhaltlich auf besonders viel Interesse stößt.

Weitere wichtige Hinweise:
- Auf einer einleitenden Überblicksseite finden sich wichtige Informationen zur Forscherstation für die Lehrkraft sowie eine grobe Zeiteinteilung und Musterlösungen. Sofern individuelle Lösungen gefordert sind, sind keine Musterlösungen angegeben. In Bezug auf die Zeitangaben gilt, dass diese je nach Leistungsstärke der Klasse angepasst werden müssen.
- Die Aufgabenformate variieren, der Wortschatz wiederholt sich jedoch innerhalb einer Forscherstation, damit sich die Kinder sowohl die Rechtschreibung als auch die Wortbedeutung besser einprägen können.
- Das Anforderungsniveau der Aufgaben wird innerhalb einer Forscherstation und des Bandes anspruchsvoller.
- Die Übungen verstehen sich als Anregungen und können nach Belieben variiert oder erweitert werden.

Didaktisch-methodische Prinzipien

Die Aufarbeitung der Materialien folgt den didaktisch-methodischen Prinzipien, die sich an der Idee und den Methoden eines forschenden Unterrichts orientieren. Die Kinder nehmen an Sprachexperimenten und am Prozess der Kriterienbildung teil, indem sie
- beobachten und genau hinschauen,
- ausprobieren und experimentieren,
- nachdenken und verstehen,
- beschreiben und sich austauschen,
- Wissen anwenden und neue Konzepte aufbauen.

Das vorliegende Unterrichtskonzept ermöglicht ein deduktives Vorgehen und fördert das individuelle Nachdenken über Sprache.

Die Wiederholung und Verlangsamung des Lernprozesses wirkt sich positiv und nachhaltig auf das zu erlernende Thema aus. Je schwieriger und abstrakter der Inhalt ist, umso sinnvoller und zielführender sind inhaltliche Wiederholungen. Insofern sollten die Lerninhalte der Forscherstationen bei Bedarf auch auf die anderen Forschertexte übertragen oder mit ihnen wiederholt werden.

Zur inneren Differenzierung gibt es auf jedem Arbeitsblatt Zusatzaufgaben für schnelle Kinder bzw. Sprachforscher-Profis.

Einsatz des Konzeptes im Unterricht

Einstieg in die Forscherarbeit

Ritualisierter Stundenbeginn

Wer mag, kann eine Unterrichtseinheit mit einem Sprachforscherritual beginnen, um die Konzentration der Kinder zu wecken und den Fokus auf das Wesentliche zu lenken:
„Jetzt geht es los, alle Sprachforscher aufgepasst!

Wir aktivieren unseren Kopf.	→	den Kopf mit beiden Händen umfassen
Wir spitzen die Ohren und hören zu.	→	die Hände vor den Ohren drehen
Wir schauen und beobachten genau."	→	mit den Händen eine Brille formen und aufsetzen

Zur Verdeutlichung können Symbole (s. Kopiervorlage) eingesetzt werden.

Spiele für den Einstieg

Das Spielen mit Wörtern bereitet auf jede Auseinandersetzung mit Sprache vor und gehört zu den grundlegenden und ersten grammatischen Experimenten. Das Nachdenken und Experimentieren mit Sprache weckt die Sprachaufmerksamkeit und schult die Ausdrucksfähigkeit der Kinder.
Die folgenden Spiele können zum Einstieg in die Themeneinheit gespielt werden. Sie sind nach Komplexität sortiert.

Viele Verben (Einzel- oder Partnerarbeit)

Die Kinder sollen möglichst viele Verben zu einem beliebigen Anfangsbuchstaben aufschreiben. Alternativ kann ein Verb an die Tafel geschrieben werden. Zu jedem Buchstaben müssen möglichst viele Verben gefunden werden, z. B.:

S singen
E essen
I irren
N niesen

Pantomime (Plenum)

Ein Kind stellt ein Verb pantomimisch da. Der Rest der Klasse versucht, den Begriff zu erraten.

Sprachenwirrwarr (Plenum)

Auch Verben kann man in Silben trennen, z. B.: weg-ren-nen. Die Klasse wird in einzelne Gruppen aufgeteilt. Die Silben eines Verbs werden auf die einzelnen Gruppenmitglieder aufgeteilt und alle sprechen nun ihre Silbe gleichzeitig. Die anderen Kinder raten, um was für ein Verb es sich handelt.

Anfangsbuchstaben (Plenum)

Ein Kind nennt ein Verb, z. B.: spielen. Nun muss das nächste Kind ein Verb nennen, das mit dem gleichen Anfangsbuchstaben beginnt, z. B.: sparen. Das Spiel kann nach Geschwindigkeit gesteigert werden. Bis zur Nennung eines neuen Verbs dürfen dann z. B. nicht mehr als 2 Sekunden vergehen.

Menschen-Memory® (Plenum)

Zwei Kinder verlassen den Klassenraum. Nun finden sich die anderen Kinder zu Paaren zusammen. Jedes Paar bekommt ein Verb (s. Verben-Wortschatz). Dann verteilen sich die Kinder im Klassenraum. Die beiden Kinder werden wieder hereingeholt und spielen nun Memory®. Abwechselnd gehen sie zu einem Kind, tippen ihm auf die Schuler, sodass dieses nun sein Verb nennen muss. Ziel ist es nun, das andere Kind mit dem gleichen Verb zu finden.

Echo (Plenum)

Die Lehrkraft gibt ein Verb vor, z. B.: vor-spiel-en. Das erste Kind wiederholt das Verb. Das zweite Kind wiederholt das Verb ebenfalls, lässt dabei aber die erste Silbe weg. Das dritte Kind lässt die dritte Silbe weg. Das vierte Kind fängt wieder von vorne an.

Einsatz des Konzeptes im Unterricht

Arbeit mit den Materialien der Forscherstationen

Eine Forscherstation behandelt ein bis drei Forschungsbereiche zum Verb. Sie setzt sich aus den folgenden Arbeitsblättern zusammen: Forschertext, Verben-Wortschatz zum Forschertext, (pro Forschungsbereich:) Forscherauftrag (⟶ eine Hypothese aufstellen), Versuchsauftrag (⟶ Hypothese überprüfen), Anwendungsauftrag (⟶ neues Wissen anwenden) und einem die gesamte Forscherstation abschließenden Schreibauftrag (⟶ Schreibübungen zum Forschungsbereich).

Material je Forscherstation:
- Forschertext(e) (Niveaustufe 1 oder 2) für jedes Kind (Hinweis: Der Forschertext sollte je Forscherauftrag kopiert werden, sodass den Kindern je Forscherauftrag ein unbearbeiteter Forschertext vorliegt.)
- Sprachforscherpass für jedes Kind
- Arbeitsblätter (Forscherauftrag, Versuchsauftrag, Anwendungsauftrag, Schreibauftrag) für jedes Kind kopieren
- Hilfskarte „Drei-Finger-Probe" für jedes Kind kopieren und laminieren
- Wörterbuch bei Bedarf
- Verben-Wortschatz kopieren, laminieren und auseinanderschneiden (ggf. für jedes Kind einen Satz an Wortschatzkarten je Forschertext oder Kinder selbst ausschneiden lassen)

Einstieg mit den Forschertexten (Textgrundlage erarbeiten)

Die Forschertexte dienen als Einstiegsimpuls und bilden die Basis des Grammatikunterrichts.
Vorgehen (möglicher Einstieg):
- Die Klasse findet sich in einem Stuhlkreis zusammen.
- Zum thematischten Einstieg bezieht sich die Lehrkraft auf den zu bearbeitenden Forschertext, so berichtet sie z. B., dass sie am Wochenende Sport gemacht hat oder im Fernsehen ein Fußballspiel angesehen hat.
- Anschließend liest die Lehrkraft den Forschertext vor.
- Im folgenden Unterrichtsgespräch wird der Forschertext als Gesprächsanlass genutzt, um Vorwissen zu aktivieren und den Themenbezug herzustellen. Weitere Ideen für Gesprächsanlässe zum Thema des Forschertextes finden sich unten auf dem Arbeitsblatt.

Hinweise:
- Das gemeinsame Erlesen des Textes im Plenum erscheint die beste Methode, um sicherzustellen, dass alle Kinder den Inhalt des Textes verstanden haben.
- Je nach Stärke der Klasse kann die Lehrkraft den Forschertext der Niveaustufe 2 vorlesen.
- Es ist auch denkbar, innerhalb einer Einheit zunächst den Text mit der Niveaustufe 1 zu bearbeiten und beim Forscherauftrag 2 und/oder 3 den Text mit der Niveaustufe 2 zu wählen.

Alternativen:
- den Forschertext gemeinsam erlesen (Forschertext für jedes Kind oder auf OHP-Folie kopieren)
- den Forschertext mitlesen lassen
- den Forschertext in Partnerarbeit selbstständig erlesen lassen

Erarbeitung über die Forscheraufträge (Hypothesenbildung)

In dieser Phase lernen die Kinder das Verb als Lernfeld kennen. Hierbei geht es darum, eine fragende Haltung bei den Kindern zu erzeugen, sodass sie eine These über Verben zu semantischen bzw. syntaktischen Merkmalen und Beweisen für Verben (Was sind Verben und wie erkenne ich sie?) aufstellen: Hypothesenbildung. Grundlage hierfür sind der Forschertext sowie die Fragen auf dem Forscherauftrag.
Ggf. macht es Sinn, die Hypothesen der Kinder im Anschluss an die Bearbeitung des Forscherauftrages zu überprüfen. Hierfür bieten sich Unterrichtsgespräche und Nachdenkkonferenzen an.

Einsatz des Konzeptes im Unterricht

Vorgehen:
- Die Kinder erarbeiten die Forscheraufträge in der angegeben Reihenfolge, beginnend bei Forscherauftrag 1. Wenn die Kinder das entsprechende Vorwissen mitbringen, kann ggf. ein Auftrag übersprungen werden.
- Nach der Erarbeitung erfolgen eine Visualisierung (s. Ideen zur Visualisierung) der Ergebnisse und der Austausch über diese, entweder im Plenum, im Kinositz vor der Tafel oder im Sitz- bzw. Stehkreis.
- Die gesammelten Erkenntnisse trägt jedes Kind abschließend in seinem Sprachforscherpass ein.

Hinweise:
- Als Sozialformen können in dieser Phase sowohl Einzel-, Partner- als auch Gruppenarbeit gewählt werden.
- Mögliche kooperative Lernformen: Think-Pair-Share, Placemat (Diese sollten je nach Leistungsstäke der Klasse angepasst werden.)
- Die Kinder können die Aufgaben an einer Lerntheke mit Selbstkontrolle (Lösungen) bearbeiten.

Experimentieren mit den Versuchsaufträgen (Überprüfen der Hypothese)

In dieser Phase sind die Kinder aufgefordert, ihre eigenen Vermutungen/Hypothesen über Verben zu überprüfen, indem sie entdecken, vergleichen, ausprobieren sowie auf bereits vorhandenes Wissen zurückgreifen und dieses auf neue Aufgabenformate übertragen. Hier werden die Versuchsaufträge eingesetzt.

Vorgehen:
- Die Kinder bearbeiten die Aufgaben der Versuchsaufträge in der angegeben Reihenfolge, beginnend mit Versuchsauftrag 1. Wenn die Kinder das entsprechende Vorwissen mitbringen, kann gegebenenfalls ein Auftrag übersprungen werden.
- Schnellere Kinder können die Aufgabe für Sprachforscher-Profis lösen und dann als Spezialisten anderen Kindern helfen.

Hinweise:
- Als Sozialformen können in dieser Phase sowohl Einzel-, Partner- als auch Gruppenarbeit gewählt werden.
- Die Kinder können die Aufgaben an einer Lerntheke mit Selbstkontrolle (Lösungen) bearbeiten.
- Mögliche kooperative Lernformen: Think-Pair-Share, Bienenkorb, Placemat (Diese sollten je nach Leistungsstäke der Klasse angepasst werden.)

Ergebnissicherung mit den Anwendungsaufträgen und Schreibaufträgen (Anwenden)

In dieser Phase werden die gewonnenen Erkenntnisse auf neue Aufgabenformate angewandt, indem die Kinder die neuen Informationen über Verben direkt in Schreibaufgaben umsetzen. Hier kommen die Anwendungsaufträge und die Schreibaufträge zum Einsatz.

Vorgehen:
- Die Kinder bearbeiten die Aufgaben der Anwendungsaufträge in der angegebenen Reihenfolge, beginnend mit Anwendungsauftrag 1. Wenn die Kinder das entsprechende Vorwissen mitbringen, kann ggf. ein Auftrag übersprungen werden.
- Abschließend bearbeiten die Kinder den Schreibauftrag und verfassen dabei eigene Texte. Einige Texte werden vorgelesen und gemeinsam besprochen.
- Abschließend werden die Ergebnisse visualisiert (s. Ideen zur Visualisierung)

Einsatz des Konzeptes im Unterricht

Hinweise:
- Als Sozialformen können in dieser Phase sowohl Einzel-, Partner- als auch Gruppenarbeit gewählt werden.
- Mögliche kooperative Lernformen: Think-Pair-Share, Bus-Stopp, Galerierundgang (Diese sollten je nach Leistungsstäke der Klasse angepasst werden.)

Vertiefendes Training

1. Wortschatztraining

Zu jedem Forschertext werden Wortkarten mit den Verben aus dem Forschertext angeboten. Diese Wortkarten werden kopiert, ggf. laminiert, von den Kindern ausgeschnitten und in ein Säckchen oder in einen Umschlag gelegt. Anschließend können die Kinder mithilfe der Auftragskarten eigenständig an ihrem Wortschatz arbeiten und sich tiefergehend mit den Verben auseinandersetzen.

2. Spiele

Die folgenden Spiele können zur Vertiefung der Thematik gespielt werden. Sie sind nach Komplexität sortiert.

Was kann ...? (Plenum)
Ein Kind läuft durch die Klasse und sucht sich einen Gegenstand aus. Es fragt die Klasse: Was kann dieser Gegenstand? Was kann man damit machen? Das Kind, das einen sinnvollen Vorschlag hat, darf als nächstes einen Gegenstand aussuchen.

Bingo® (Plenum)
Jedes Kind legt vier Verbenkärtchen aus dem Verben-Wortschatz vor sich hin. Die Lehrkraft nennt ein Verb aus der Liste. Wer es hat, dreht die Karte um. Wenn ein Kind alle vier Karten umdrehen konnte, ruft es „Bingo!" und hat gewonnen.

Dingsbums (Plenum)
Die Kinder stellen sich gegenseitig Rätsel, in denen ein Wort mit Dingsbums ersetzt wird, z. B.: Mein Dingsbums kann rennen. Das Dingsbums wird weiterhin mit Verben beschrieben, sodass deutlich wird, was es alles kann und tut. Nach jedem Satz raten die Kinder, was das Dingsbums sein könnte.

Verbensuche (Einzel-, Partner- oder Gruppenarbeit)
Die Kinder suchen alleine oder gemeinsam auf Zeit nach Verben mit Präfixen (weglaufen, abschreiben). Nach Ablauf der Zeit werden die Ergebnisse verglichen. Gewonnen hat das Kind/Team, das die meisten Verben gefunden hat. Alternativ können die Kinder zu einem festgelegten Verb nach dessen Erweiterungen durch Präfixe suchen, z. B. rennen ⟶ wegrennen, vorrennen, ...

Unvollständige Sätze (Plenum)
Die Lehrkraft beginnt einen Satz, lässt aber das Verb weg: Der Hase ... durch das Gras. Reihum gibt jedes Kind ein Verb an, mit dem der Satz vervollständigt werden kann (z. B.: springt, hüpft, flitzt). Wer kein Verb mehr findet, scheidet aus.

Stille Post (Plenum)
Die Kinder sitzen dicht nebeneinander in einem Kreis. Ein Kind fängt an und flüstert dem Kind links von sich ein Verb ins Ohr. Dieses flüstert das Verb nun wiederum seinem linken Nachbarkind ins Ohr. Das letzte Kind nennt das Wort laut, so, wie es dieses verstanden hat.

Hör zu! (Plenum)
Alle Kinder stehen hinter einer Linie. Ein bestimmtes Verb wird festgelegt. Die Lehrkraft sagt nun Sätze auf. Das festgelegte Verb muss in manchen Sätzen vorkommen. Sobald die Kinder das Verb hören, machen sie einen Schritt auf ein Ziel (z. B. Tür) zu. Wer fälschlicherweise losläuft, scheidet aus.

Einsatz des Konzeptes im Unterricht

Steh auf! (Plenum)
Alle Kinder sitzen im Stuhlkreis. Ein Kind steht in der Mitte und darf den anderen Kommandos erteilen. Dabei muss es den Imperativ einsetzen, z. B.: Nehmt die Arme hoch! Stellt euch hin und kreuzt eure Arme! Steht auf und sucht euch einen neuen Platz! Ziel ist es, dass das Kind in der Mitte einen freien Stuhl ergattert.

Reflexion zur Arbeit an der Forscherstation

Jede Unterrichtseinheit sollte mit einer Zusammenfassung, einem Abschlussgespräch und/oder einem Spiel, das die Thematik der Forscherstation wiederspiegelt, schließen.

Die folgenden Spiele können zur Reflexion gespielt werden. Sie sind nach Komplexität sortiert.

Lippenlesen (Plenum)
Die Lehrkraft artikuliert stumm ein Verb mit dem Mund und die Kinder müssen versuchen, das Verb von den Lippen abzulesen.
Variation: Ein Kind kann die Rolle der Lehrkraft übernehmen.

Tim mag – Tim mag nicht (Gruppenarbeit)
Die Klasse wird in Gruppen eingeteilt und je Gruppe wird eine Gruppenleitung bestimmt, die das Spiel leitet und die Lösung kennt. Diese zählt nun auf, was Tim mag und was er nicht mag. Die Gruppe muss herausfinden, was die Lösung ist, z. B. Tim mag konjugierte Verben, nicht konjugierte Verben mag Tim nicht.
Variation: Verben im Infinitiv, Verben mit Präfixen, Modalverben

Konjugieren im Quartett (Kleingruppen oder Plenum)
Es werden drei verschiedene Arten von Karten (mit Verben im Infinitiv, z. B.: gehen, rennen, essen, Zeitangaben, z. B.: heute, morgen, gestern, letzte Woche, und Pronomen, z. B.: ich, du, er) benötigt. Drei Kinder ziehen je eine Karte, das vierte Kind muss aus den gezogenen Wörtern einen Satz bilden, die anderen kontrollieren. Es wird reihum gewechselt.

Unsinns-Sätze (Gruppenarbeit oder Plenum)
Drei Kartenstapel mit Wortkarten (Nomen/Subjekt, Verben/Prädikat und Adverbiale/Satzergänzung) werden bereitgestellt. Die drei Kartenstapel werden gemischt. Das erste Kind zieht je eine Karte und versucht nun, aus den Satzteilen einen Satz zu bilden, z. B.: Die Mutter kocht ein Spiegelei. Der Tennisspieler schlägt den Ball.

Möglichkeiten der Visualisierung

Visualisierungen unterstützen Denk- und Lernprozesse. Sie helfen, das Vorwissen und das Erlernte sichtbar zu machen. Folgende Möglichkeiten der Dokumentation von Lernprozessen gibt es:

- ein **Lernplakat** erstellen, z. B. als Wissensrakete: Das Plakat ist in Form einer Rakete gestaltet.
- **Tafelanschrieb**, z. B. als Mindmap
- eine **Wissensleine** erstellen: Hierfür wird eine Schnur im Klassenzimmer aufgehängt, an die mithilfe von Wäscheklammern Karten mit wichtigen Informationen gehängt werden.
- ein **Lapbook** im Großformat für die Klasse oder im Kleinformat für jedes Kind erstellen, z. B. mit folgenden Minibüchern: Leporello, Hängeleporello, Motivleporello, Faltbuch, …
- einen **Infobügel** erstellen: Die Ergebnisse werden auf Karteikarten notiert und untereinander an einem Bügel im Klassenzimmer aufgehängt.
- eine **Wissensrolle** erstellen: Die Erkenntnisse zu den Verben werden auf Zettel notiert und zur sicheren Aufbewahrung in eine dekorierte Chipsrolle gesteckt.

Einsatz des Konzeptes im Unterricht

Kooperative Lernformen

Die Lernumgebung und die Strukturierung des Lernens sollten unter Berücksichtigung kooperativer Lernformen erfolgen, um die aktive Beteiligung der Kinder zu erhöhen. Kooperative Lernformen erzeugen eine positive Haltung der Kinder gegenüber dem Unterrichtsthema und dem Fach und fördern die Hilfsbereitschaft untereinander. Dabei entwickeln die Kinder ihre mündlichen Kommunikationsfähigkeiten sowie soziale Kompetenzen. Kooperative Lernformen können sich im Unterricht mit gebundenen Lernformen und gemeinsamen Klassengesprächen im Plenum abwechseln. Zu empfehlen sind folgende Formen kooperativen Lernens:

- **Pair Check:** Zwei Kinder arbeiten an einer Aufgabe. Das Erste beginnt, das andere schaut und hört zu, gibt Tipps und macht Vorschläge. Anschließend werden die Rollen getauscht.
- **Bienenkorb:** Die Kinder tauschen sich für kurze Zeit mit den anderen Kindern aus und teilen anschließend der ganzen Klasse ihre Ergebnisse mit. Der Austausch kann paarweise, aber auch in Dreier- oder Vierergruppen erfolgen.
- **Bus-Stopp:** Wenn ein Kind eine Aufgabe beendet hat, wartet es an einem Treffpunkt im Klassenraum (Bus-Stopp), bis ein anderes Kind mit derselben Aufgabe fertig ist. Anschließend erfolgt ein Austausch oder eine weitere Erarbeitung in Partnerarbeit. Als Visualisierung des Treffpunkts bietet sich das Symbol einer Bushaltestelle an. Für den Austausch suchen sich die Paare freie Plätze im Klassenraum.
- **Galerierundgang:** Die Kinder stellen ihre Arbeiten im Klassenraum aus. Ein Kind bleibt ggf. bei seiner Arbeit stehen, um diese zu erklären, alle anderen gehen durch den Raum und schauen sich die Ergebnisse der anderen Gruppen an. Die Kinder einer Gruppe wechseln sich gegenseitig mit dem Erklären ab.
- **Placemat**: Bei der Placemat-Methode teilt sich eine Vierergruppe ein großes Blatt Papier, das in fünf Schreibbereiche eingeteilt ist (einen in der Mitte und 4 an den Außenseiten/Blatträndern). Zunächst denkt jedes Kind für sich über ein Thema, ein Problem oder eine Frage nach und schreibt seine Ideen in seinen Schreibbereich (eins der Außenfelder). Anschließend tauschen sich alle Kinder der Gruppe miteinander aus, indem sie das Blatt drehen und lesen, was die anderen geschrieben haben. Abschließend diskutieren sie und einigen sich auf gemeinsame Gedanken, die sie in die Mitte der Placemat-Vorlage schreiben.
- **Think-Pair-Share:** Die Kinder machen sich zunächst alleine Gedanken und Notizen (Think) und gleichen diese anschließend in einem Zweierteam ab (Pair), bevor sie sie der gesamten Klasse vorstellen (Share).

Kopiervorlage „Drei-Finger-Probe"

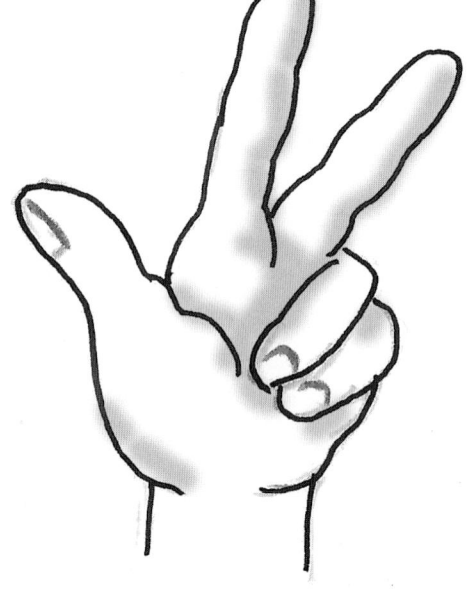

Was tut jemand? Was geschieht?

Konjugation

Kleinschreibung

Kopiervorlage „Symbole für das Sprachforscherritual"

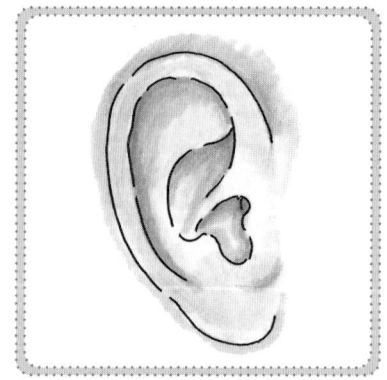

Kopiervorlage „Wortschatztraining – Auftragskarten"

Wortschatztraining – Aufgabe 1	Wortschatztraining – Aufgabe 2
Lege alle Wortkarten vor dich hin und sortiere sie: 1. Sortiere nach dem Alphabet. 2. Sortiere nach Wortfeldern. 3. Sortiere nach regelmäßigen und unregelmäßigen Verben.	Laufdiktat: Die Wortkarten wurden in den Flur gelegt. 1. Nimm dir drei Chips oder Knöpfe. 2. Gehe auf den Flur und merke dir so viele Verben wie möglich. 3. Schreibe sie in dein Heft. 4. Wenn du noch einmal in den Flur gehen willst, um erneut nachzusehen, musst du einen Chip/Knopf bei der Lehrkraft abgeben. 5. Es sollten am Ende alle Verben im Heft stehen.
Wortschatztraining – Aufgabe 3 1. Lege alle Wortkarten vor dich hin und schreibe sie jeweils zweimal in dein Heft. 2. Male ein Bild zu deinen zwei Lieblingsverben.	**Wortschatztraining – Aufgabe 4** 1. Suche dir sechs Verben aus deinen Wortkarten aus. 2. Schreibe deine Verben in unterschiedlicher Größe und mit verschiedenen Stiften auf ein Blatt Papier, bis es ganz vollgeschrieben ist.
Wortschatztraining – Aufgabe 5 1. Suche dir acht Verben aus. 2. Finde zu diesen Wörtern Verben der gleichen Wortfamilie, z. B. rennen → vorrennen, davonrennen, … 3. Schreibe deine Verben in dein Heft.  Suche auch im Wörterbuch.	**Wortschatztraining – Aufgabe 6 (Partnerarbeit)** Blitzlesen und Partnerdiktat: 1. Lies alle Wortkärtchen so schnell wie möglich. Stoppe die Zeit. 2. Suche dir einen Partner und diktiert euch gegenseitig die Wörter. 3. Verbessert euer Diktat, wenn nötig.
Wortschatztraining – Aufgabe 7 Verbenbilder: 1. Nimm eine Wortkarte. 2. Stelle die Bedeutung des Verbs bildlich dar, indem du es aufschreibst und die Schrift passend zum Verb gestaltest, z. B.: st … st … stott … e … e … ern	**Wortschatztraining – Aufgabe 8** 1. Suche dir acht Verben aus deinen Wortkarten aus und schreibe zwei Sätze mit jedem Verb auf. 2. Male Bilder zu deinen Sätzen.
Wortschatztraining – Aufgabe 9 1. Nimm eine Wortkarte und lies das Wort. 2. Merke es dir und schreibe es auf, ohne auf die Wortkarte zu schauen. 3. Wiederhole das Vorgehen mit allen restlichen Karten.	**Wortschatztraining – Aufgabe 10 (Partnerarbeit)** 1. Sucht euch jeweils fünf Verben aus, ohne dass das andere Kind die Wörter lesen kann. 2. Ein Kind beginnt: Flüstere dem anderen deine Wörter einzeln ins Ohr. 3. Tauscht die Rollen. 4. Fragt euch nun gegenseitig ab, welche Wörter ihr gehört habt.

Einsatz des Konzeptes im Unterricht

Informationen für die Lehrkraft: Sport überall

Forscherstation: Verben erkennen *(Sport überall)*

Forschertext: Sport überall (Textform: Sachtext)
- Niveaustufe 1 = 110 Wörter, 18 Verben, 5 reflexive Verben
- Niveaustufe 2 = 140 Wörter, 22 Verben, 5 reflexive Verben

Kompetenzen
- Die Kinder wissen, dass Verben beschreiben, was jemand tut, was genau passiert oder was ist (Tätigkeiten, Vorgänge und Zustände).
- Die Kinder wissen, dass Verben kleingeschrieben werden.
- Die Kinder wissen, dass ein Satz ohne Verb nicht vollständig ist.
- Die Kinder wissen, dass Verben mit ähnlicher Bedeutung in Wortfeldern zusammengefasst werden.
- Die Kinder wissen, dass es reflexive Verben gibt, die ein Reflexivpronomen fordern.

Eintrag auf der Wissens- und Erkenntniskarte
- Forscherauftrag 1: Verben beschreiben was jemand tut, was passiert oder was ist.
- Forscherauftrag 2: Ein Satz ist ohne Verb nicht vollständig.
- Forscherauftrag 3: Manche Verben beziehen sich mit einem eigenen Wort auf die Person, die die Tätigkeit macht. Dieses Hilfswort heißt Reflexivpronomen.

Arbeitsblatt	Zeit
Forscherauftrag 1	30 Min.
Versuchsauftrag 1	20 Min.
Anwendungsauftrag 1	20 Min.
Forscherauftrag 2	30 Min.
Versuchsauftrag 2	30 Min.
Anwendungsauftrag 2a	40 Min.

Arbeitsblatt	Zeit
Anwendungsauftrag 2b	30 Min.
Forscherauftrag 3	20 Min.
Versuchsauftrag 3	20 Min.
Anwendungsauftrag 3	20 Min.
Schreibauftrag	je 10–15 Min.

Lösung

Forscherauftrag 1:
3. Niveaustufe 1: 23, Niveaustufe 2: 27
4. was jemand tut (Tätigkeit), was ist (Zustand)
5. <u>Verben</u> beschreiben, was jemand <u>tut</u>, was passiert oder was <u>ist</u>.

Versuchsauftrag 1:
1.

o	s	r	f	j	r	m	i	o	z	p
c	c	b	i	g	e	h	s	t	s	t
h	h	t	m	u	i	e	t	q	c	s
k	w	r	m	y	t	s	n	u	h	p
g	i	b	t	z	e	n	a	f	w	f
s	m	i	t	e	n	s	p	s	k	a
t	m	r	a	h	o	t	f	p	l	h
r	e	n	n	s	t	l	u	r	o	r
n	n	i	z	a	s	a	x	i	p	e
i	m	r	e	t	t	u	r	n	e	n
w	h	e	n	z	i	f	i	g	u	r
t	i	n	f	e	g	e	b	s	n	a
a	k	x	b	n	e	n	y	t	u	t

2. trainieren, tanzen, gehen, laufen, fahren, schwimmen, spielen, machen

Informationen für die Lehrkraft: Sport überall

Anwendungsauftrag 1:
1. Kinder: laufen, ausruhen, bewegen, (bremsen,) frieren, hüpfen, lesen, liegen, malen, rennen, (rollen,) spielen, springen, stehen, streiten, wachsen, werfen
   Fahrrad: fahren, bremsen, liegen, rollen, stehen
   Sportler: trainieren, ausruhen, bewegen, hüpfen, rennen, springen, stehen, werfen
2. Talita ist sehr sportlich. Montags und mittwochs trainiert sie Wing Chun, dienstags und mittwochs hat sie in der Schule Sportunterricht, donnerstags geht sie mit ihren Freunden zur Skaterbahn, freitags schwimmt sie im Verein und am Wochenende fährt sie viel mit dem Fahrrad oder im Winter Ski.

Forscherauftrag 2:
2. Man weiß nicht, was passiert.
3. Manche Kinder schwimmen auch oder sie reiten.
   Verben sagen, was in einem Satz passiert oder was jemand tut.
4. Ein Satz ist ohne Verb nicht vollständig.

Versuchsauftrag 2:
1. Er spielt Fußball. Pia reitet auf Luna. Korbinian rennt zur Schule. Die Kinder tanzen. Finn und Luis fahren mit den Rollern. Ella wirft/fängt den Ball.
2. Ich fahre Fahrrad. Du liegst auf der Wiese. Die Kinder machen Judo. Tim spielt Handball. Anna tanzt Ballett. Jakob gewinnt den Leichtathletik-Wettbewerb.

Anwendungsauftrag 2a:
1. (1) Marie turnt in einem Turnverein.
   (2) Beim Basketball wirft man den Ball in einen Korb.
   (3) Viele Kinder spielen gerne Fußball.
   (4) Mit einem Surfbrett surft Tim im Meer.
   (5) Mio boxt in einem Boxverein.
   (6) Beim Ballett tanzt man.
   (7) Mit einer Taucherbrille kann man tief tauchen.
   (8) Ein Bergsteiger klettert auf die Berge.
2. verlieren/ gewinnen; lachen/ weinen; fangen/ werfen; lieben/ hassen; gehen/ stehen.

Anwendungsauftrag 2b:
1. Wortfeld *gehen*: flitzen, laufen, marschieren, trotten, schlurfen, rennen, rasen, sprinten, stampfen, joggen, spazieren, schleichen;
   Wortfeld *sagen*: erklären, flüstern, rufen, plaudern, plappern, behaupten, vorstellen, schwatzen, berichten
2. 1. einen Film ansehen
   2. Tiere beobachten
   3. ein Bild betrachten
   4. ein Schloss besichtigen
   5. Adler erspähen ihre Beute
   6. bei einem Test abschauen

Forscherauftrag 3:
3. dich, sich, sich, sich.
4. Die Wörter nach dem Verb und die Person, die das Verb ausführt, gehören zusammen.
5. Manche Verben beziehen sich mit einem eigenen Wort auf die Person, die die Tätigkeit macht. Dieses Hilfswort heißt Reflexivpronomen.

Anwendungsauftrag 3:
1. Ich wasche **mich**.   Ich wasche **mir** die Hände.
   Du wäschst dich.   Du wäschst dir die Hände.
   Er/ Sie/ Es wäscht sich.   Er/Sie/Es wäscht sich die Hände.
   Wir waschen uns.   Wir waschen uns die Hände.
   Ihr wascht euch.   Ihr wascht euch die Hände.
   Sie waschen sich.   Sie waschen sich die Hände

2. 1. Kannst du dir gut Namen merken?
   2. Interessierst du dich für Sport?
   3. Hast du dich heute über etwas / jemanden geärgert?
   4. Kannst du dir vorstellen, auf einer einsamen Insel zu leben?
   5. Triffst du dich oft mit Freunden/ Freundinnen?
   6. Hast du dir heute Morgen die Zähne geputzt?

Sprachforscherpass: Sport überall

Name: .... Datum: ....

Mein Sprachforscherpass für die Forscherstation

Für jede Aufgabe, die du erledigt hast, kannst du eine Lupe ausmalen.

Aufgabe	
Forschertext lesen	🔍
Forscherauftrag 1	🔍
Versuchsauftrag 1	🔍
Anwendungsauftrag 1	🔍
Forscherauftrag 2	🔍
Versuchsauftrag 2	🔍
Anwendungsauftrag 2a	🔍

Aufgabe	
Anwendungsauftrag 2b	🔍
Forscherauftrag 3	🔍
Versuchsauftrag 3	🔍
Anwendungsauftrag 3	🔍
Schreibauftrag	🔍
Wortschatztraining	🔍

Wissens- und Erkenntniskarte:

Das habe ich herausgefunden:

1. _____
2. _____
3. _____

Forschertext: *Sport überall*

Sport überall

Du gehst zu Fuß zur Schule, du rennst über die Wiese oder du springst über Steine. Du bewegst dich eigentlich immer und diese Bewegung tut deinem Körper gut! Sport ist gesund.

5 Viele Kinder spielen gerne Fußball oder fahren mit dem Fahrrad. Manche Kinder schwimmen auch oder sie reiten. So erholen sie sich von der Schule.
Einige Menschen gehen in Sportvereine. Sie treffen sich dort regelmäßig und spielen Handball oder Badminton. Sie laufen, tanzen, turnen oder trainieren Kampfsportarten. Manchmal gibt es auch Wettkämpfe. Dann freuen sich die
10 Teilnehmer, wenn sie eine Medaille gewinnen.
Sehr gute Sportler konzentrieren sich ganz auf das Training und machen ihren Sport sogar zum Beruf.

Sport überall

Du gehst zu Fuß zur Schule, du rennst über die Wiese oder du springst über Steine. Du bewegst dich eigentlich immer und diese Bewegung tut deinem Körper gut! Sport ist gesund.

5 Sport ist der Motor für unseren ganzen Körper. Regelmäßige Bewegung steigert die Konzentrationsfähigkeit und verbessert die Durchblutung bestimmter Hirnbereiche. Experten empfehlen 5x30 Minuten Sport in der Woche.
Viele Kinder spielen gerne Fußball, fahren mit dem Skateboard oder mit dem Fahrrad. Manche Kinder schwimmen auch oder sie reiten. So erholen sie sich von
10 der Schule.
Einige Menschen gehen in Sportvereine. Sie treffen sich dort regelmäßig und spielen Handball oder Badminton. Sie laufen, tanzen, turnen oder trainieren Kampfsportarten. Manchmal gibt es auch Wettkämpfe. Dann freuen sich die Teilnehmer, wenn sie eine Medaille gewinnen.
15 Sehr gute Sportler konzentrieren sich ganz auf das Training und machen ihren Sport sogar zum Beruf.

Gesprächsanlässe:
Machst du regelmäßig Sport?
Welche Sportart gefällt dir besonders gut?
Welche Sportart magst du nicht so gerne?

Verben-Wortschatz: Sport überall

sich bewegen	sich erholen	fahren
Präsens: ich bewege mich Präteritum: ich bewegte mich Perfekt: ich habe mich bewegt	Präsens: ich erhole mich Präteritum: ich erholte mich Perfekt: ich habe mich erholt	Präsens: ich fahre Präteritum: ich fuhr Perfekt: ich bin gefahren
sich freuen	**geben**	**gehen**
Präsens: ich freue mich Präteritum: ich freute mich Perfekt: ich habe mich gefreut	Präsens: ich gebe Präteritum: ich gab Perfekt: ich habe gegeben	Präsens: ich gehe Präteritum: ich ging Perfekt: ich bin gegangen
gewinnen	**sich konzentrieren**	**laufen**
Präsens: ich gewinne Präteritum: ich gewann Perfekt: ich habe gewonnen	Präsens: ich konzentriere mich Präteritum: ich konzentrierte mich Perfekt: ich habe mich konzentriert	Präsens: ich laufe Präteritum: ich lief Perfekt: ich bin gelaufen
machen	**reiten**	**rennen**
Präsens: ich mache Präteritum: ich machte Perfekt: ich habe gemacht	Präsens: ich reite Präteritum: ich ritt Perfekt: ich bin geritten	Präsens: ich renne Präteritum: ich rannte Perfekt: ich bin gerannt
schwimmen	**sein**	**spielen**
Präsens: ich schwimme Präteritum: ich schwamm Perfekt: ich bin geschwommen	Präsens: ich bin Präteritum: ich war Perfekt: ich bin gewesen	Präsens: ich spiele Präteritum: ich spielte Perfekt: ich habe gespielt
springen	**tanzen**	**trainieren**
Präsens: ich springe Präteritum: ich sprang Perfekt: ich bin gesprungen	Präsens: ich tanze Präteritum: ich tanzte Perfekt: ich habe getanzt	Präsens: ich trainiere Präteritum: ich trainierte Perfekt: ich habe trainiert
sich treffen	**tun**	**turnen**
Präsens: ich treffe mich Präteritum: ich traf mich Perfekt: ich habe mich getroffen	Präsens: ich tue Präteritum: ich tat Perfekt: ich habe getan	Präsens: ich turne Präteritum: ich turnte Perfekt: ich habe geturnt

Zusätzliche Wörter der Niveaustufe 2

empfehlen	steigern	verbessern
Präsens: ich empfehle Präteritum: ich empfahl Perfekt: ich habe empfohlen	Präsens: ich steigere Präteritum: ich steigerte Perfekt: ich habe gesteigert	Präsens: ich verbessere Präteritum: ich verbesserte Perfekt: ich habe verbessert

Forscherauftrag 1: Sport überall

Name: .... Datum: ....

Meine Forscherfrage:
Welche Wörter geben an, was in einem Satz passiert?

Aufgaben zur Forscherfrage	erledigt
1. Lies den Text „Sport überall".	
2. Lies den Text noch einmal. Suche im Text alle Wörter, die angeben, was in dem Satz passiert. Unterstreiche sie mit einem roten Stift.	
3. Wie viele Wörter hast du gefunden? Schreibe auf: ☐	
4. Erforsche die rot unterstrichenen Wörter. Was drücken die Wörter im Text aus? Schreibe auf: • _____ • _____	
5. Was hast du herausgefunden? Schreibe auf: _____ beschreiben, was jemand _____, was passiert oder was _____.	

 Wenn du etwas Wichtiges herausgefunden hast, kannst du es deinem Nachbarn weitererzählen.

Forscherstation: Verben erkennen (Sport überall)

Versuchsauftrag 1: *Sport überall*

Name: .... Datum: ....

Überprüfen: Verben beschreiben, was jemand tut oder was ist.

1. In dem Suchrätsel sind zwölf Verben aus deinem Forschertext versteckt.

   a) Markiere sie.

   b) Schreibe sie in dein Heft.

   Falls du Hilfe benötigst, findest du unten auf der Seite einen Tipp.

o	s	r	f	j	r	m	i	o	z	p
c	c	b	i	g	e	h	s	t	s	t
h	h	t	m	u	i	e	t	q	c	s
k	w	r	m	y	t	s	n	u	h	p
g	i	b	t	z	e	n	a	f	w	f
s	m	i	t	e	n	s	p	s	k	a
t	m	r	a	h	o	t	f	p	l	h
r	e	n	n	s	t	l	u	r	o	r
n	n	i	z	a	s	a	x	i	p	e
i	m	r	e	t	t	u	r	n	e	n
w	h	e	n	z	i	f	i	g	u	r
t	i	n	f	e	g	e	b	s	n	a
a	k	x	b	n	e	n	y	t	u	t

2. a) Lies die Wortschlange.

   b) Schreibe nur die Verben in dein Heft.

SportlertrainierenFahrradtanzenKindergehenSportlaufenHandballfahrenWieseschwimmenFußballspielenBerufmachen

3. Schreibe noch mehr Verben zum Thema Sport auf. Schau auch im Wörterbuch nach.

_____

_____

Tipp (auf dem Kopf): fahren gehst gibt ist laufen reiten rennst schwimmen springst tanzen turnen tut

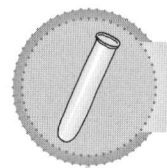

Anwendungsauftrag 1: Sport überall

Name: .... Datum: ....

> Verben beschreiben, was jemand tut, was passiert oder was ist.
> Verben schreibt man klein.

1. Beschreibe mit möglichst vielen Verben, was die Personen und Gegenstände tun können.

Falls du Hilfe benötigst, findest du im Kasten Tipps.

> ausruhen bewegen bremsen frieren hüpfen lesen liegen malen
> rennen rollen spielen springen stehen streiten wachsen werfen

Kinder *laufen* _____
_____
_____

Fahrrad *fahren* _____
_____
_____

Sportler *trainieren* _____
_____
_____

2.
a) Lies den Text.
b) Kreise alle Verben rot ein. Markiere die Satzanfänge.
c) Schreibe den Text richtig in dein Heft. Achte auf die Groß- und Kleinschreibung.

TALITA IST SEHR SPORTLICH. MONTAGS UND MITTWOCHS TRAINIERT SIE WING CHUN, DIENSTAGS UND MITTWOCHS HAT SIE IN DER SCHULE SPORTUNTERRICHT, DONNERSTAGS GEHT SIE MIT IHREN FREUNDEN ZUR SKATERBAHN, FREITAGS SCHWIMMT SIE IM VEREIN UND AM WOCHENENDE FÄHRT SIE VIEL MIT DEM FAHRRAD ODER IM WINTER SKI.

3. Nimm die Verben von Aufgabe 1 und bilde Sätze. Schreibe die Sätze in dein Heft.

Forscherstation: Verben erkennen (Sport überall)

Forscherauftrag 2: Sport überall

Name: .... Datum: ....

 **Forscherfragen:
Wie wichtig sind Verben im Satz?**

Aufgaben zur Forscherfrage	Erledigt
1. 👓 Lies den Text „Sport überall".	
2. 👓 Lies den folgenden Satz aus dem Text: Manche Kinder auch oder sie. 🔍 Was fällt dir auf? ✏️ Schreibe auf: _____ _____	
3. ✏️ Schreibe den Satz von Aufgabe 2 richtig auf. ❗ Ergänze die Verben! _____ _____ 🔍 Was fällt dir auf? ✏️ Schreibe auf: _____	
4. Was hast du herausgefunden? ✏️ Schreibe auf: Ein _____ ist _____ Verb nicht vollständig.	

 Wenn du etwas Wichtiges herausgefunden hast, kannst du es deinem Nachbarn weitererzählen.

Versuchsauftrag 2: Sport überall

Name: .... Datum: ....

Überprüfen: Ein Satz ist ohne Verb nicht vollständig.

1. a) Schau dir die Sätze an. Welche Verben fehlen?
   b) Schreibe die passenden Verben auf. Die Bilder helfen dir.

   Er _____ Fußball.

   Pia _____ auf Luna.

   Korbinian _____ zur Schule.

   Die Kinder _____ .

   Finn und Luis _____ mit den Rollern.

   Ella _____ den Ball.

2. a) Lies die Wörter.
   b) Kreise die Verben ein.
   c) Schreibe mit den Wörtern Sätze in dein Heft.

   1. fahre Ich Fahrrad.
   2. der liegst Du auf Wiese.
   3. Kinder Die Judo machen.
   4. Handball Tim spielt.
   5. Ballett Anna tanzt.
   6. Leichtathletik-Wettbewerb gewinnt im Jakob.

3. Welche Arten von Bewegung machst du so im Laufe der Woche? Überlege dir fünf Verben und schreibe zu jedem Verb einen Satz in dein Heft.

Forscherstation: Verben erkennen (Sport überall)

Anwendungsauftrag 2a: Sport überall

Name: .... Datum: ....

Verben drücken aus, was jemand tut, was passiert oder was ist.
Ein Satz ist ohne Verb nicht vollständig.

1.
   a) Lies die Sätze. Hier ist nicht alles so ernst gemeint.
   b) Wie heißt es richtig? Vervollständige die Sätze.
   c) Male die Felder mit den richtigen Verben an.

   (1) Marie liest in einem Turnverein.
   (2) Beim Basketball malt man den Ball in einen Korb.
   (3) Viele Kinder hören gerne Fußball.
   (4) Mit einem Surfbrett bellt Tim im Meer.
   (5) Mio reitet in einem Boxverein.
   (6) Beim Ballett singt man.
   (7) Mit einer Taucherbrille kann man tief schlafen.
   (8) Ein Bergsteiger schwimmt auf die Berge.

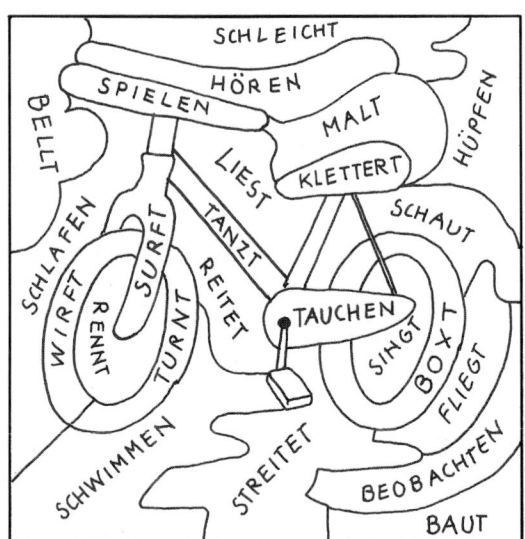

2. Finde die Wortpaare, die das Gegenteil ausdrücken und male sie in der gleichen Farbe an.

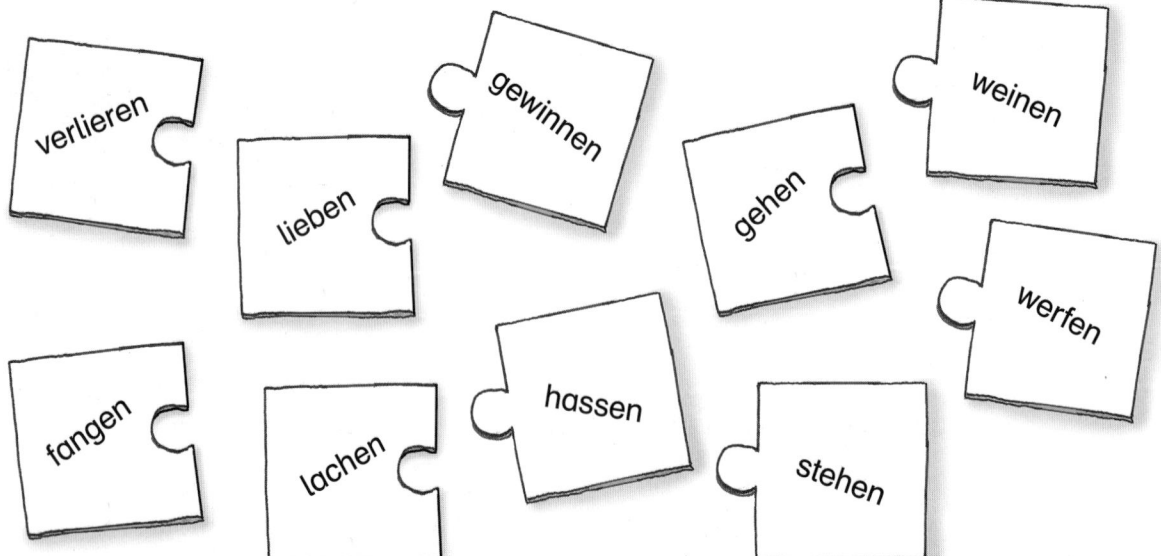

verlieren, lieben, gewinnen, gehen, weinen, werfen, fangen, lachen, hassen, stehen

3. Kannst du auch Quatschsätze erfinden? Schreibe 10 Sätze in dein Heft.

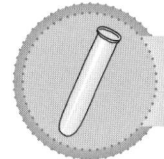

Anwendungsauftrag 2b: Sport überall

Name: .... Datum: ....

> Verben drücken aus, was jemand tut, was passiert oder was ist.
> Es gibt viele Verben, die ähnliche Bedeutung haben.
> Sie werden in Wortfeldern zusammengefasst.

1. Finde heraus, zu welchem Wortfeld die Verben gehören.

    a) Welche Verben gehören zu *gehen*? Kreise sie grün ein.

    b) Welche gehören zum Wortfeld *sagen*? Kreise sie rot ein.

    > erklären flitzen flüstern laufen rufen plaudern
    >
    > plappern marschieren trotten schlurfen behaupten
    >
    > rennen vorstellen rasen sprinte stampfen
    >
    > joggen schwatzen berichten spazieren schleichen

2. Finde Verben zum Wortfeld: *sehen*

    a) Ergänze das entsprechende Verb.

    b) Schreibe dann vollständige Sätze in dein Heft.

    Falls du Hilfe benötigst, findest du unten auf der Seite einen Tipp.

    (1) einen Film _____

    (2) Tiere _____

    (3) ein Bild _____

    (4) ein Schloss _____

    (5) Adler _____ ihre Beute_

    (6) bei einem Test _____

3. Schreibe eine Liste zu den Wortfeldern: denken, essen und tun/machen.
   Schaue auch im Wörterbuch nach.

> abschauen ansehen beobachten besichtigen
>
> betrachten erspähen

Forscherstation: Verben erkennen (Sport überall) 27

Forscherauftrag 3: Sport überall

Name: .... Datum: ....

 **Meine Forscherfrage:
Gibt es besondere Arten von Verben?**

Aufgaben zur Forscherfrage	Erledigt
1. Lies den Text „Sport überall".	
2. Suche die Sätze mit folgenden Verben: bewegen, freuen, treffen, konzentrieren. Unterstreiche die vier Verben mit einem blauen Stift.	
3. Markiere das Wort, das hinter den Verben steht, in der gleichen Farbe. Welches Wort gehört zum Verb? Schreibe die Wörter auf: _____	
4. Markiere die Person, die das jeweilige Verb tut/macht, mit einem lilafarbenen Stift. Was fällt dir auf? Schreibe auf: _____	
5. Was hast du über die Verben herausgefunden? Schreibe auf: Manche Verben _____ sich mit einem eigenen Wort auf die _____, die die Tätigkeit macht. Dieses _____ heißt Reflexivpronomen.	

 Wenn du etwas Wichtiges herausgefunden hast, kannst du es deinem Nachbarn weitererzählen.

Versuchsauftrag 3: *Sport überall*

Name: .... Datum: ....

Überprüfen: Manche Verben beziehen sich mit einem eigenen Wort auf die Person, die die Tätigkeit macht. Dieses Hilfswort heißt Reflexivpronomen.

1. a) Schneide die Wortkarten aus und lege sie auf einen Stapel.

    b) Ziehe eine Karte. Würfle dann, damit du weißt, wie dein Satz anfangen soll. Überlege dir nun einen Satz, in dem das Verb vorkommt.

    Beispiel: *Ich entschuldige mich bei dir!*

    c) Schreibe den Satz auf oder sage ihn deinem Partner.

⚀ → Ich ⚁ → Du ⚂ → Er ⚃ → Wir ⚄ → Ihr ⚅ → Sie

2. Finde noch mehr Verben im Wörterbuch, die ein Pronomen einfordern und schreibe sie auf Wortkarten. Bilde dann Sätze und schreibe sie in dein Heft.

sich duschen 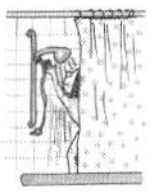	sich fürchten 	sich anziehen 
sich freuen 	sich verkleiden 	sich bewegen 
sich streiten 	sich verletzen 	sich treffen 
sich kümmern 	sich ärgern 	sich kämmen 
sich drehen 	sich waschen 	sich erschrecken 
sich verlieben 	sich umarmen 	sich verstecken 

Forscherstation: Verben erkennen (*Sport überall*)

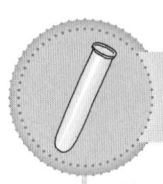

Anwendungsauftrag 3: Sport überall

Name: .... Datum: ....

Manche Verben beziehen sich mit einem eigenen Wort auf die Person, die die Tätigkeit macht. Dieses Hilfswort heißt Reflexivpronomen.

1. Ergänze die Tabelle mit dem richtigen Hilfswort (Reflexivpronomen).

sich   dich   euch   sich   ~~mir~~   uns   ~~mich~~   euch   sich   sich   uns   dir

Ich wasche **mich**.   Ich wasche **mir** die Hände.
Du wäschst _____.   Du wäschst _____ die Hände.
Er/ Sie/ Es wäscht _____.   Er/Sie/Es wäscht _____ die Hände.
Wir waschen _____.   Wir waschen _____ die Hände.
Ihr wascht _____.   Ihr wascht _____ die Hände.
Sie waschen _____.   Sie waschen _____ die Hände.

2. a) Setze die Verben mit den Hilfswörtern (Reflexivpronomen) richtig ein
   b) Interviewe deine Mitschüler. Stelle pro Kind eine Frage. Schreibe den Namen des Kindes auf und kreuze an, wie es geantwortet hat.

INTERVIEW	Name	👍	👎
1. Kannst du _____ gut Namen _____ ? (sich merken)			
2. _____ du _____ für Sport? (sich interessieren)			
3. Hast du _____ heute über etwas/jemanden _____ ? (sich ärgern)			
4. Kannst du _____ _____ , auf einer einsamen Insel zu leben? (sich vorstellen)			
5. _____ du _____ oft mit Freunden/ Freundinnen? (sich treffen)			
6. Hast du _____ heute Morgen die Zähne _____ ? (sich putzen)			

3. Denke dir noch mehr Interviewfragen mit Reflexivpronomen aus.

Schreibauftrag: Sport überall

Name: .... Datum: ....

> Verben drücken aus, was jemand tut (Tätigkeit), was passiert (Vorgang) oder was ist (Zustand).
> Verben schreibt man klein.
> Ein Satz ist ohne Verb nicht vollständig. Verben, die ähnliche Bedeutung haben, werden in Wortfeldern zusammengefasst.
> Manche Verben beziehen sich mit einem eigenen Wort auf die Person, die die Tätigkeit ausführt. Dieses Hilfswort heißt Reflexivpronomen.

 Nutze die Hilfskarte „Drei-Finger-Probe" beim Schreiben.

1. Schreibe einen Text zum Thema in dein Heft:

   a) Wie war es, zum ersten Mal Rad zu fahren?

   b) Wie war es, zum ersten Mal ins Schwimmbad zu gehen?

2. Schreibe eine Wortschlange mit Verben mit dem gleichen Anfangsbuchstaben, den dein Name hat, auf. Schau auch im Wörterbuch nach.

    Beispiel: gehen-gießen-grüßen

3. a) Schneide aus einer Zeitschrift fünf Gegenstände aus und klebe sie in dein Heft.

   b) Beschreibe mit möglichst vielen Verben, was sie tun können.

   Beispiel: Stift → schreiben, malen, piecksen…

4. a) Schreibe Sätze zu folgenden Verben in dein Heft:

   sich aufregen, sich erholen, sich entschuldigen, sich entscheiden, sich verabreden

   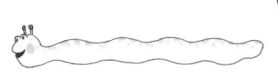 b) Markiere das Hilfswort (Reflexivpronomen).

5. Beschreibe eine Sportart. Schreibe in dein Heft.

Informationen für die Lehrkraft: Sportfest in der Schule

Forscherstation: Konjugation von Verben *(Sportfest in der Schule)*

Forschertext: Sportfest in der Schule (Textform: Ich-Erzählung)
- Niveaustufe 1 = 121 Wörter, 16 Verben, 8 trennbare Verben
- Niveaustufe 2 = 140 Wörter, 18 Verben, 10 trennbare Verben

Kompetenzen
- Die Kinder wissen, dass Verben eine Grundform (Infinitiv) haben.
- Die Kinder wissen, dass Verben an die Person, die etwas macht, angepasst werden (Konjugation/Präsens).
- Die Kinder wissen, dass es regelmäßige und unregelmäßige Verben gibt.
- Die Kinder wissen, dass es Modalverben gibt.
- Die Kinder wissen, dass es zusammengesetzte Verben mit Vorsilben gibt.
- Die Kinder wissen, dass es trennbare Verben gibt, bei denen die Vorsilbe im Satz am Ende steht.

Eintrag auf der Wissens- und Erkenntniskarte
- Forscherauftrag 1: Verben verändern sich. Sie haben eine Grundform (Infinitiv) und werden an die Person/die Sache, die etwas macht, angepasst (Konjugation).
- Forscherauftrag 2: Verben können regelmäßig und unregelmäßig sein.
- Forscherauftrag 3: Manche Verben haben eine Vorsilbe, die im Satz oft vom Verb getrennt wird. Die Vorsilbe verändert die ursprüngliche Bedeutung des Verbs in der Grundform.

Arbeitsblatt	Zeit
Forscherauftrag 1	20 Min.
Versuchsauftrag 1	30 Min.
Anwendungsauftrag 1a	30 Min.
Anwendungsauftrag 1b	40 Min.
Forscherauftrag 2	15 Min.
Versuchsauftrag 2	30 Min.
Anwendungsauftrag 2a	30 Min.

Arbeitsblatt	Zeit
Anwendungsauftrag 2b	30 Min.
Forscherauftrag 3	15 Min.
Versuchsauftrag 3	30 Min.
Anwendungsauftrag 3a	30 Min.
Anwendungsauftrag 3b	20 Min.
Schreibauftrag	je 10–15 Min.

Lösung

Forscherauftrag 1:
2. Niveaustufe 1: 5 Verben, Niveaustufe 2: 7 Verben
4. Die Verben haben andere Endungen, je nachdem ob es sich um eine oder mehrere Personen handelt und wer etwas tut.
5. Verben <u>verändern</u> sich. Sie werden an die <u>Person</u>/die Sache, die etwas macht, <u>angepasst</u>.

Versuchsauftrag 1:

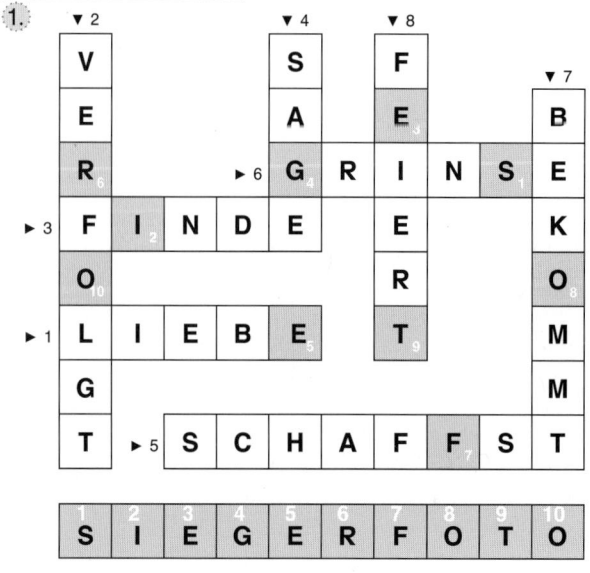

2. sitzen, machen, feiern, versuchen

Informationen für die Lehrkraft: Sportfest in der Schule

Anwendungsauftrag 1a:

1.

Infinitiv (Grundform)		machen	feiern
Einzahl (Singular)	ich (1. Person)	mache	feiere
	du (2. Person)	machst	feierst
	er/sie/es (3. Person)	macht	feiert
Mehrzahl (Plural)	wir (1. Person)	machen	feiern
	ihr (2. Person)	macht	feiert
	sie (3. Person)	machen	feiern

2.

Wortstamm	Endung	Infinitiv
find	e	finden
grins	e	grinsen
lieb	e	lieben
schaff	st	schaffen
bekomm	t	bekommen

Anwendungsauftrag 1b:

1.

Infinitiv (Grundform)		sagen	finden	sitzen
Einzahl (Singular)	ich (1. Person)	sage	finde	sitze
	du (2. Person)	sagst	findest	sitzt
	er/sie/es (3. Person)	sagt	findet	sitzt
Mehrzahl (Plural)	wir (1. Person)	sagen	finden	sitzen
	ihr (2. Person)	sagt	findet	sitzt
	sie (3. Person)	sagen	finden	sitzen

2. (1) Ich jubeln **juble** jubelt.
   (2) Du **turnst** turnt turnen.
   (3) Er renne rennst **rennt**.
   (4) Ihr klettern **klettert** kletterst.

Forscherauftrag 2:

2. mag, weiß, ist, hat, Niveaustufe 2 zusätzlich: findet
3. mögen, wissen, sein, haben, Niveaustufe 2 zusätzlich: finden
4. Bei diesen Verben verändern sich nicht nur die Endungen, sondern es verändert sich auch der Wortstamm.
5. Manche Verben verändern beim Konjugieren auch ihren <u>Wortstamm</u>. Sie heißen <u>unregelmäßige</u> Verben.

Versuchsauftrag 2:

1.

laufen	helfen	haben	geben
ich laufe	ich helfe	ich habe	ich gebe
du läufst	du hilfst	du hast	du gibst
er/sie/es läuft	er/sie/es hilft	er/sie/es hat	er/sie/es gibt
wir laufen	wir helfen	wir haben	wir geben
ihr lauft	ihr helft	ihr habt	ihr gebt
sie laufen	sie helfen	sie haben	sie geben

2. Bei unregelmäßigen Verben verändert sich der Wortstamm der Formen „du läufst/wirfst/hast/gibst" (2. Person Singular) und „<u>er/sie/es</u> läuft/wirft/hat/gibt" (3. Person Singular).

Forscherstation: Konjugation von Verben (Sportfest in der Schule)

Informationen für die Lehrkraft: Sportfest in der Schule

Anwendungsauftrag 2a:

1.

Infinitiv (Grundform)	lesen	nehmen	wissen	mögen
ich	lese	nehme	w<u>ei</u>ß	m<u>a</u>g
du	l<u>ie</u>st	n<u>i</u>mmst	w<u>ei</u>ßt	m<u>a</u>gst
er/sie/es	l<u>ie</u>st	n<u>i</u>mmt	w<u>ei</u>ß	m<u>a</u>g
wir	lesen	nehmen	wissen	mögen
ihr	lest	nehmt	wisst	mögt
sie	lesen	nehmen	wissen	mögen

2.

sein			
Einzahl (Singular)		Mehrzahl (Plural)	
ich (1. Person)	bin	wir (1. Person)	sind
du (2. Person)	bist	ihr (2. Person)	seid
er/sie/es (3. Person)	ist	sie (3. Person)	sind

Anwendungsauftrag 2b:

1. (1) Wir <u>sitzen</u> nicht im Unterricht, sondern <u>machen</u> an der frischen Luft Sport und <u>feiern</u> ein bisschen – toll!
   (2) Wir <u>müssen</u> nicht im Unterricht sitzen, sondern <u>dürfen</u> an der frischen Luft Sport <u>machen</u> und <u>können</u> ein bisschen <u>feiern</u> – toll!

2. Lara will Downhill-Profi werden. Dafür soll sie sehr viel mit ihrem Mountainbike trainieren. Nur so kann sie die Wettkämpfe gewinnen. Ihre Eltern möchten sie dabei unterstützen. Deshalb darf sie nach der Schule oft zur Übungsstrecke gehen. Aber natürlich muss sie danach noch ihre Hausaufgaben machen.

3.

Infinitiv (Grundform)	wollen	sollen	können	mögen (möchten)	dürfen	müssen
ich	will	soll	kann	möchte	darf	muss
du	willst	sollst	kannst	möchtest	darfst	musst
er/sie/es	will	soll	kann	möchte	darf	muss
wir	wollen	sollen	können	möchten	dürfen	müssen
ihr	wollt	sollt	könnt	ihr möchtet	dürft	müsst
sie	wollen	sollen	können	möchten	dürfen	müssen

Informationen für die Lehrkraft: Sportfest in der Schule

Forscherauftrag 3:

3. Die Vorsilbe der Verben wird im Satz vom Verb getrennt.
4. verfolgen; Es hat auch eine Vorsilbe. Die Vorsilbe wird aber nicht getrennt.
5. Manche Verben haben eine Vorsilbe. Diese wird im Satz oft vom Verb getrennt.

Versuchsauftrag 3:

1. abspringen, stattfinden, loslaufen, hinfallen, anfangen, vorstellen, ausrutschen, auslachen

2.

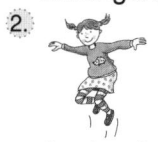

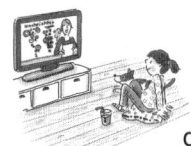

hochspringen

anschauen

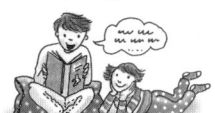

vorlesen zuhören

Anwendungsauftrag 3a:

1.

Fußball, die beliebteste Sportart der Welt!	Verben in der Grundform
Beim Fußball laufen alle Spieler einem Ball hinterher.	hinterherlaufen
Bei einem Foul pfeift der Schiedsrichter ab.	abpfeifen
Manchmal wechselt der Trainer einen Spieler aus.	auswechseln
Nur der Torwart fasst den Ball mit der Hand an.	anfassen
Ein Spieler spielt den Ball einem Mitspieler zu.	zuspielen
Von der Seitenlinie wirft ein Spieler den Ball ein.	einwerfen
Im Idealfall steht der Torschütze vor dem Tor frei.	freistehen

2.

trennbar		untrennbar	
ausziehen	abbeißen	zerstören	bekommen
anschreien	einkaufen	empfehlen	entwerfen
loslassen	nachsitzen	erzählen	gefallen
vortragen	zuschauen	misstrauen	verfolgen

Anwendungsauftrag 3b:

1.

3.

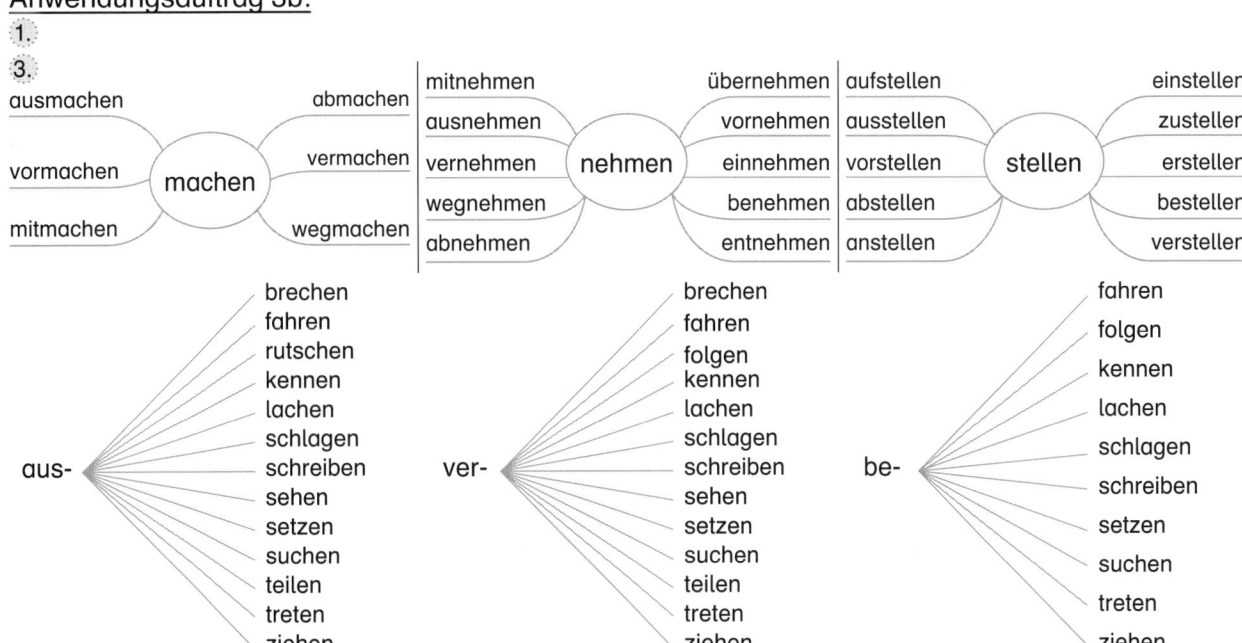

machen: ausmachen, vormachen, mitmachen, abmachen, vermachen, wegmachen

nehmen: mitnehmen, ausnehmen, vernehmen, wegnehmen, abnehmen, übernehmen, vornehmen, einnehmen, benehmen, entnehmen

stellen: aufstellen, ausstellen, vorstellen, abstellen, anstellen, einstellen, zustellen, erstellen, bestellen, verstellen

aus-: brechen, fahren, rutschen, kennen, lachen, schlagen, schreiben, sehen, setzen, suchen, teilen, treten, ziehen

ver-: brechen, fahren, folgen, kennen, lachen, schlagen, schreiben, sehen, setzen, suchen, teilen, treten, ziehen

be-: fahren, folgen, kennen, lachen, schlagen, schreiben, setzen, suchen, treten, ziehen

Sprachforscherpass: Sportfest in der Schule

Name: .... Datum: ....

Mein Sprachforscherpass für die Forscherstation

 Für jede Aufgabe, die du erledigt hast, kannst du eine Lupe ausmalen.

Aufgabe	
Forschertext 1 lesen	🔍
Forscherauftrag 1	🔍
Versuchsauftrag 1	🔍
Anwendungsauftrag 1a	🔍
Anwendungsauftrag 1b	🔍
Forscherauftrag 2	🔍
Versuchsauftrag 2	🔍
Anwendungsauftrag 2a	🔍

Aufgabe	
Anwendungsauftrag 2b	🔍
Forscherauftrag 3	🔍
Versuchsauftrag 3	🔍
Anwendungsauftrag 3a	🔍
Anwendungsauftrag 3b	🔍
Schreibauftrag	🔍
Wortschatztraining	🔍

Wissens- und Erkenntniskarte:

Das habe ich herausgefunden:

1. _____
2. _____
3. _____

Forscherstation: Konjugation von Verben (Sportfest in der Schule)

Forschertext: Sportfest in der Schule

Sportfest in der Schule

Unser Sportfest findet jedes Jahr auf dem Sportplatz statt. Ich liebe diesen Tag: Wir sitzen nicht im Unterricht, sondern machen an der frischen Luft Sport und feiern ein bisschen – toll!

5 Mein Freund Elias mag Sport nicht besonders. Ich weiß auch, warum das so ist. Er hat leider immer Pech im Sport.

Und auch heute verfolgt es ihn. Es fängt schon beim Weitsprung an. Elias läuft los, springt ab, rutscht aus und fällt gleich hinter der Linie hin. Die anderen Kinder lachen ihn aus.

10 Ich finde das gemein und sage: „Los, du schaffst das! Wir versuchen es jetzt gemeinsam!" Dabei grinse ich aufmunternd.

Und stellt euch vor: Am Ende bekommt Elias eine Urkunde und feiert glücklich mit uns.

Sportfest in der Schule

Unser Sportfest findet jedes Jahr auf dem Sportplatz statt. Alle Kinder der Schule nehmen teil. Ich liebe diesen Tag: Wir sitzen nicht im Unterricht, sondern machen an der frischen Luft Sport und feiern ein bisschen – toll!

5 Mein Freund Elias mag Sport nicht besonders und findet das Sportfest doof. Ich weiß auch, warum das so ist. Er hat leider immer Pech im Sport.

Und auch heute verfolgt es ihn. Es fängt schon beim Weitsprung an. Elias läuft los, springt ab, rutscht aus und fällt gleich hinter der Linie hin. Die anderen Kinder lachen ihn aus.

10 Ich finde das gemein und sage: „Los, du schaffst das! Wir versuchen es jetzt gemeinsam!" Dabei grinse ich aufmunternd, gebe ihm die Hand und helfe ihm auf.

Und stellt euch vor: Am Ende bekommt Elias eine Urkunde und feiert glücklich mit uns.

Gesprächsanlässe:
- Sportfest an der Schule
- Welche Disziplinen und Spiele werden bei einem Sportfest angeboten?
- Wie könnte der Ich-Erzähler Elias geholfen haben?

Verben-Wortschatz: Sportfest in der Schule

abspringen
- Präsens: ich springe ab
- Präteritum: ich sprang ab
- Perfekt: ich bin abgesprungen

auslachen
- Präsens: ich lache aus
- Präteritum: ich lachte aus
- Perfekt: ich habe ausgelacht

ausrutschen
- Präsens: ich rutsche aus
- Präteritum: ich rutschte aus
- Perfekt: ich bin ausgerutscht

bekommen
- Präsens: ich bekomme
- Präteritum: ich bekam
- Perfekt: ich habe bekommen

feiern
- Präsens: ich feiere
- Präteritum: ich feierte
- Perfekt: ich habe gefeiert

finden
- Präsens: ich finde
- Präteritum: ich fand
- Perfekt: ich habe gefunden

grinsen
- Präsens: ich grinse
- Präteritum: ich grinste
- Perfekt: ich habe gegrinst

haben
- Präsens: ich habe
- Präteritum: ich hatte
- Perfekt: ich habe gehabt

hinfallen
- Präsens: ich falle hin
- Präteritum: ich fiel hin
- Perfekt: ich bin hingefallen

lieben
- Präsens: ich liebe
- Präteritum: ich liebte
- Perfekt: ich habe geliebt

loslaufen
- Präsens: ich laufe los
- Präteritum: ich lief los
- Perfekt: ich bin losgelaufen

machen
- Präsens: ich mache
- Präteritum: ich machte
- Perfekt: ich habe gemacht

mögen
- Präsens: ich mag
- Präteritum: ich mochte
- Perfekt: ich habe gemocht

sagen
- Präsens: ich sage
- Präteritum: ich sagte
- Perfekt: ich habe gesagt

schaffen
- Präsens: ich schaffe
- Präteritum: ich schaffte
- Perfekt: ich habe geschafft

sein
- Präsens: ich bin
- Präteritum: ich war
- Perfekt: ich bin gewesen

sitzen
- Präsens: ich sitze
- Präteritum: ich saß
- Perfekt: ich habe gesessen

stattfinden
- Präsens: es findet statt
- Präteritum: es fand statt
- Perfekt: es hat stattgefunden

verfolgen
- Präsens: ich verfolge
- Präteritum: ich verfolgte
- Perfekt: ich habe verfolgt

versuchen
- Präsens: ich versuche
- Präteritum: ich versuchte
- Perfekt: ich habe versucht

vorstellen
- Präsens: ich stelle vor
- Präteritum: ich stellte vor
- Perfekt: ich habe vorgestellt

Zusätzliche Wörter der Niveaustufe 2

aufhelfen
- Präsens: ich helfe auf
- Präteritum: ich half auf
- Perfekt: ich habe aufgeholfen

geben
- Präsens: ich gebe
- Präteritum: ich gab
- Perfekt: ich habe gegeben

teilnehmen
- Präsens: ich nehme teil
- Präteritum: ich nahm teil
- Perfekt: ich habe teilgenommen

Forscherauftrag 1: Sportfest in der Schule

Name: .... Datum: ....

**Meine Forscherfrage:
Können sich Verben verändern?**

Aufgaben zur Forscherfrage	Erledigt
1. Lies den Text „Sportfest in der Schule".	
2. Lies den 4. Absatz vom Text „Sportfest in der Schule" noch einmal. Achte genau auf die Verben. Unterstreiche alle Verben mit einem blauen Stift. Wie viele Verben hast du gefunden? Schreibe auf: ☐	
3. Wer macht was? Unterstreiche die Nomen oder Pronomen zu den Verben mit einem gelben Stift.	
4. Schau dir die Verben mit ihren Nomen oder Pronomen genau an. Was fällt dir an den Endungen der Verben auf? Schreibe auf: _____ _____	
5. Was hast du über die Verben herausgefunden? Schreibe auf: Verben _____ sich. Sie werden an die _____ /die Sache, die etwas macht, _____ .	

Wenn du etwas Wichtiges herausgefunden hast, kannst du es deinem Nachbarn weitererzählen.

Forscherstation: Konjugation von Verben (Sportfest in der Schule)

Versuchsauftrag 1: Sportfest in der Schule

Name: .... Datum: ....

Überprüfen: Verben verändern sich. Sie werden an die Person/die Sache, die etwas macht, angepasst.

1. Finde die Verben im Text. Löse das Kreuzworträtsel. Füge die Buchstaben in den grauen Kästchen anschließend zum Lösungswort zusammen.

① Ich (?) diesen Tag.
② Und auch heute (?) es ihn.
③ Ich (?) das gemein …
④ … und (?):
⑤ „Los, du (?) das!"
⑥ Dabei (?) ich aufmunternd.
⑦ Am Ende (?) Elias eine Urkunde …
⑧ … und (?) glücklich mit uns.

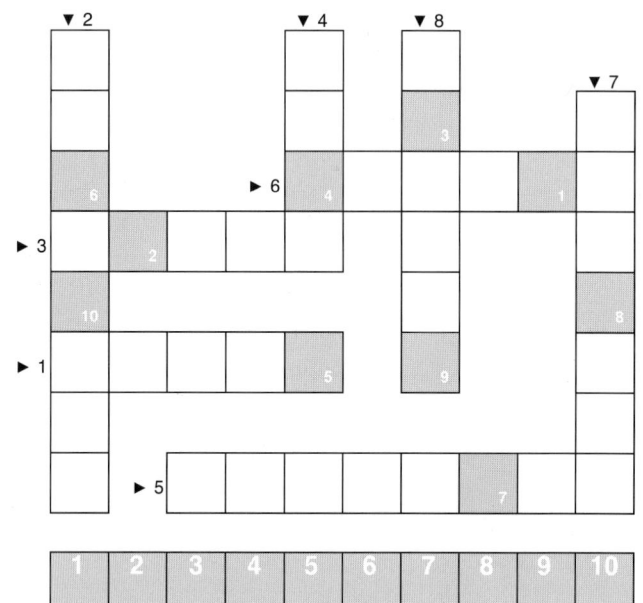

2. Im Text findest du auch vier Verben, bei denen der Satz mit „Wir" beginnt. Schreibe sie auf.

_____

> Die Verbform für „wir" ist identisch mit der Grundform (Infinitiv) des Verbs.

3. Schreibe zu jedem Verb aus Aufgabe 2 einen Satz, der mit „Ich", „Du" oder „Er/Sie" beginnt, in dein Heft.

4. Suche dir vier Verben auf dieser Seite aus. Beschreibe die Verben in deinem Heft.

Anwendungsauftrag 1a: Sportfest in der Schule

Name: .... Datum: ....

> Verben verändern sich. Sie haben eine Grundform.
> Diese Grundform heißt Infinitiv und endet auf -en oder -n.

1. a) Schau dir die Verben in dieser Tabelle an.

b) Der Wortstamm bleibt immer gleich. Markiere ihn.

Infinitiv (Grundform)			machen	feiern
Einzahl (Singular)		ich (1. Person)	mache	feiere
		du (2. Person)	machst	feierst
		er/sie/es (3. Person)	macht	feiert
Mehrzahl (Plural)		wir (1. Person)	machen	feiern
		ihr (2. Person)	macht	feiert
		sie (3. Person)	machen	feiern

2. a) Markiere den Wortstamm der Verben

b) Schreibe die Verben in die Tabelle und ergänze die Grundform (Infinitiv).

    finde   grinse   liebe   schaffst   bekommt

Wortstamm	Endung	Infinitiv
find	e	

> Verben werden im Wörterbuch in der Grundform (Infinitiv) angegeben.

3. Suche zu jedem Verb ein weiteres Verb mit dem gleichen Anfangsbuchstaben. Schau auch im Wörterbuch nach. Schreibe sie in dein Heft.

Forscherstation: Konjugation von Verben (Sportfest in der Schule)

Anwendungsauftrag 1b: Sportfest in der Schule

Name: .... Datum: ....

> Verben verändern sich. Sie haben eine Grundform (Infinitiv) und werden an die Person/die Sache, die etwas macht, angepasst. Das nennt man Konjugation.

1. a) Konjugiere die Verben.

b) Kreise die Endungen ein. Was fällt dir auf? Besprich dich mit einem Partner.

Infinitiv (Grundform)		sagen	finden	sitzen
Einzahl (Singular)	**ich** (1. Person)			
	du (2. Person)			
	er/sie/es (3. Person)			
Mehrzahl (Plural)	**wir** (1. Person)			
	ihr (2. Person)			
	sie (3. Person)			

2. a) Lies die Sätze.

b) Kreise das passende Verb ein.

1.		Ich jubeln jube jubelt .
2.		Du turnst turnt turnen .
3.		Er renne rennst rennt .
4.		Ihr klettern klettert kletterst .

3. Suche dir ein Verb aus Aufgabe 2 aus. Schreibe zu allen Formen einen Satz in dein Heft.

Forscherauftrag 2: Sportfest in der Schule

Name: .... Datum: ....

**Meine Forscherfrage:
Gibt es mehrere Arten von Verben?**

Aufgaben zur Forscherfrage	Erledigt
1. Lies den Text „Sportfest in der Schule".	
2. Lies den 2. Absatz vom Text „Sportfest in der Schule" noch einmal. Achte genau auf die Verben. Unterstreiche alle Verben mit einem grünen Stift. Welche Verben hast du gefunden? Schreibe auf: _____ _____	
3. Kennst du die Grundformen (Infinitive) zu diesen Verben? Schreibe auf: _____ _____	
4. Markiere den Wortstamm der Verben in der Grundform (Infinitiv). Was fällt dir auf? Schreibe auf: _____ _____	
5. Was hast du über diese Verben herausgefunden? Schreibe auf: Manche Verben verändern beim Konjugieren auch ihren _____ . Sie heißen _____ Verben.	

Wenn du etwas Wichtiges herausgefunden hast, kannst du es deinem Nachbarn weitererzählen.

Forscherstation: Konjugation von Verben (Sportfest in der Schule)

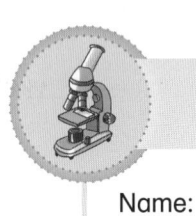

Versuchsauftrag 2: Sportfest in der Schule

Name: .... Datum: ....

Überprüfen: Manche Verben verändern beim Konjugieren auch ihren Wortstamm. Sie heißen unregelmäßige Verben.

1. Welche Verbformen gehören zusammen?

   a) Markiere die Verbformen, die zueinander passen, in der gleichen Farbe.

   b) Schreibe die Formen der 4 Verben in der richtigen Reihenfolge in die Tabelle.

   c) Markiere dann die Buchstaben, die sich verändern.

   > wir geben   wir haben   ~~laufen~~   helfen   ich laufe   ~~ich helfe~~   du läufst
   > er/sie/es läuft   du hilfst   wir laufen   ihr lauft   du hast   sie geben
   > er/sie/es hilft   ich habe   geben   ihr helft   ihr habt   ich gebe
   > du gibst   haben   er/sie/es gibt   wir helfen   ihr gebt   sie laufen
   > er/sie/es hat   sie helfen   sie haben

laufen			
	ich helfe		

2. a) Schau dir die Verbformen in der Tabelle an.

   b) Was fällt dir auf? Wann verändert sich der Wortstamm? Schreibe auf:

   Bei unregelmäßigen Verben verändert sich der Wortstamm der Formen

   „_____ läufst/wirfst/hast/gibst" (2. Person Singular) und

   „_____ läuft/wirft/hat/gibt" (3. Person Singular).

3. Zeichne eine Tabelle in dein Heft und konjugiere mit deinem Partner folgende Verben: fangen, fallen, werfen, essen.

Anwendungsauftrag 2a: Sportfest in der Schule

Name: .... Datum: ....

> Manche Verben verändern beim Konjugieren auch ihren Wortstamm.
> Diese Verben heißen unregelmäßige Verben.

1. a) Ergänze die Tabelle mit den passenden Verbformen.

b) Unterstreiche die Wortteile, die anders sind als der Infinitiv.

Infinitiv (Grundform)	lesen	nehmen	wissen	mögen
ich				mag
du			weißt	
er/sie/es		nimmt		
wir				
ihr	lest			
sie				

> Bei manchen unregelmäßigen Verben verändern sich nicht nur die Vokale bei den Formen mit „du" und „er/sie/es".
> Manchmal verändern sich weitere Buchstaben (ne<u>hm</u>en → ni<u>mm</u>t).
> In seltenen Fällen verändert sich auch die Form mit „ich" (wissen → ich weiß).

2. Konjugiere das Verb.

sein			
Einzahl (Singular)		Mehrzahl (Plural)	
ich (1. Person)		wir (1. Person)	sind
du (2. Person)		ihr (2. Person)	
er/sie/es (3. Person)		sie (3. Person)	

> Das Verb „sein" ist ein Sonderfall. Du musst alle Formen lernen.

3. Suche weitere unregelmäßige Verben im Wörterbuch. Schreibe Sätze in dein Heft.

fressen → Das Pferd frisst Heu!

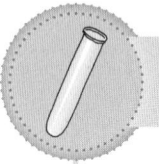

Anwendungsauftrag 2b: Sportfest in der Schule

Name: .... Datum: ....

1. a) Unterstreiche die Verben in den Sätzen gelb.
   b) Vergleiche und besprich dich mit einem Partner.

   (1) Wir sitzen nicht im Unterricht, sondern machen an der frischen Luft Sport und feiern ein bisschen – toll!

   (2) Wir müssen nicht im Unterricht sitzen, sondern dürfen an der frischen Luft Sport machen und können ein bisschen feiern – toll!

   > Eine Gruppe unregelmäßiger Verben braucht im Satz noch ein weiteres Verb in der Grundform (Infinitiv). Sie beschreiben, wie die Handlung dieses Verbs ist. Diese Verben heißen Modalverben.

2. a) Lies den Text.
   b) Markiere alle konjugierten Verben grün und alle Verben in der Grundform blau.

   Lara will Downhill-Profi werden. Dafür soll sie sehr viel mit ihrem Mountainbike trainieren. Nur so kann sie die Wettkämpfe gewinnen. Ihre Eltern möchten sie dabei unterstützen. Deshalb darf sie nach der Schule oft zur Übungsstrecke gehen. Aber natürlich muss sie danach noch ihre Hausaufgaben machen.

3. Ergänze die Tabelle.

Infinitiv (Grundform)	wollen	sollen	können	mögen (möchten)	dürfen	müssen
ich	will					
du		sollst				
er/sie/es			kann			
wir				möchten		
ihr					dürft	
sie						müssen

4. Schreibe den Satz 6-mal in dein Heft und füge jedes Mal ein anderes Modalverb ein. Besprich mit einem Partner, was die Sätze bedeuten.

   Anton _____ Handball spielen.

   Anton <u>will</u> Handball spielen. → Er wünscht sich, Handball zu spielen.

Forscherauftrag 3: Sportfest in der Schule

Name: .... Datum: ....

Meine Forscherfrage:
Welche Arten zusammengesetzter Verben gibt es?

Aufgaben zur Forscherfrage	Erledigt
1. Lies den Text „Sportfest in der Schule".	
2. Suche im 3. Absatz des Textes folgende Verben und unterstreiche sie mit einem gelben Stift: loslaufen, abspringen, ausrutschen, hinfallen, auslachen.	
3. Was fällt dir auf? Schreibe auf: _____ _____	
4. Im 3. Absatz gibt es noch ein weiteres Verb. Schreibe auf: _____ Vergleiche: Was ist gleich? In was unterscheidet es sich von den anderen dieses Absatzes? Schreibe auf: _____ _____	
5. Was hast du über die Verben herausgefunden? Schreibe auf: Manche Verben haben eine _____. Diese wird im Satz oft vom Verb _____.	

Wenn du etwas Wichtiges herausgefunden hast, kannst du es deinem Nachbarn weitererzählen.

Forscherstation: Konjugation von Verben (Sportfest in der Schule)

Versuchsauftrag 3: Sportfest in der Schule

Name: .... Datum: ....

Überprüfen: Manche Verben haben eine Vorsilbe. Diese wird im Satz oft vom Verb getrennt.

1. Lies die Wörterschlange und schreibe die Verben auf.

abspringenstattfindenloslaufenhinfallenanfangenvorstellenausrutschenauslachen

_____

_____

_____

2. a) Schau dir die Bilder an.

b) Setze die Silben zusammen und schreibe die passenden Verben auf.

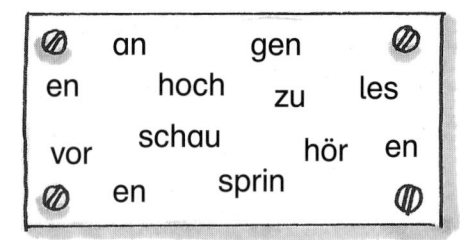

an	gen
en	hoch	zu	les
vor	schau	hör	en
en	sprin	

3. a) Bilde mit den Verben aus Aufgabe 2 Sätze. Schreibe sie in dein Heft.

b) Unterstreiche das Verb und seine Vorsilbe in jedem Satz.

4. Spielt Verben-Pantomime: Ein Kind darf eine Tätigkeit vormachen. Wer die Lösung weiß, muss einen Antwortsatz formulieren.

Diese Verben eignen sich gut:
aufhängen, aufräumen, abwaschen, anziehen, ausziehen, abhängen

Beispiel: *Peter hängt die Wäsche auf.*

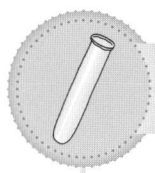

Anwendungsauftrag 3a: Sportfest in der Schule

Name: .... Datum: ....

> Manche Verben haben eine Vorsilbe.
> Diese wird im Satz oft vom Verb getrennt.

1.
 a) Lies die Sätze.
 b) Markiere die Verben mit ihren Vorsilben.
 c) Schreibe die Verben in der Grundform (Infinitiv) auf.

Fußball, die beliebteste Sportart der Welt!	Verben in der Grundform
Beim Fußball laufen alle Spieler einem Ball hinterher.	
Bei einem Foul pfeift der Schiedsrichter ab.	
Manchmal wechselt der Trainer einen Spieler aus.	
Nur der Torwart fasst den Ball mit der Hand an.	
Ein Spieler spielt den Ball einem Mitspieler zu.	
Von der Seitenlinie wirft ein Spieler den Ball ein.	
Im Idealfall steht der Torschütze vor dem Tor frei.	

> Es gibt auch Vorsilben, die vom Verb nicht getrennt werden.
> Diese werden im Wort nicht betont.

2.
 a) Lies dir die Verben laut vor und höre genau zu.
 b) Schreibe die Verben in die richtige Tabellenspalte.

abbeißen anschreien ~~ausziehen~~ bekommen einkaufen empfehlen
entwerfen erzählen gefallen loslassen misstrauen nachsitzen
verfolgen vortragen ~~zerstören~~ zuschauen

trennbar		untrennbar	
ausziehen		zerstören	

3. Welche Vorsilben kennst du jetzt? Schreibe sie in dein Heft.

Forscherstation: Konjugation von Verben (Sportfest in der Schule)

Anwendungsauftrag 3b: Sportfest in der Schule

Name: .... Datum: ....

> Die Vorsilbe zusammengesetzter Verben verändert die ursprüngliche Bedeutung des Verbs in der Grundform.

1. Gestalte zu den drei Verben Mindmaps in deinem Heft.

> machen   nehmen   stellen

Beispiel: **laufen** – zulaufen, umlaufen, mitlaufen, hinlaufen, weglaufen, vorlaufen, verlaufen, entlaufen

2. Suche dir je Mindmap 2 Verben aus und beschreibe sie genauer. Mach ihre Bedeutung deutlich.

Beispiel: verlaufen = vom richtigen Weg abkommen
weglaufen = jemanden oder etwas verlassen

3. Bilde aus den drei Vorsilben und den Verben alle möglichen zusammengesetzten Verben. Schreibe sie in dein Heft.

> aus-
> ver-
> be-

> brechen   fahren   folgen   rutschen   kennen
> lachen   schlagen   schreiben   sehen
> setzen   suchen   teilen   treten   ziehen

Beispiel: unter-
- brechen → unterbrechen
- schlagen → unterschlagen
- schreiben
- suchen
- teilen
- ziehen

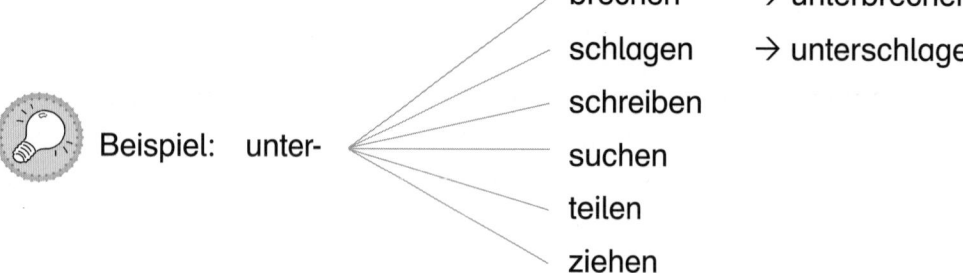

4. Bilde mit den vorgegebenen Verben sinnvolle Sätze, in denen die Bedeutung des Verbes deutlich wird:

anstreichen / unterstreichen   vorschlagen / zuschlagen
anrufen / zurufen   zugeben / abgeben

Forscherstation: Konjugation von Verben (Sportfest in der Schule)

Schreibauftrag: Sportfest in der Schule

Name: .... Datum: ....

> Verben haben eine Grundform (Infinitiv) und werden an die Person/die Sache, die etwas macht, angepasst (Konjugation).
> Es gibt regelmäßige und unregelmäßige Verben.

Nutze die Hilfskarte „Drei-Finger-Probe" beim Schreiben.

1. Schreibe einen Text zum Thema „Unser Sportfest" in dein Heft. Plane in aller Ruhe deinen Text und erstelle vorher ein Mindmap.

2. Organisiere einen Schulausflug in den Kletterpark. Schreibe mindestens acht Dinge auf, die du tun musst. Erstelle eine Liste mit Verben in der Grundform.

   Beispiel:
   1) Kletterpark aussuchen
   2) Kletterpark anrufen

   anrufen, aussuchen, einpacken, fragen, informieren, mitnehmen, vereinbaren

3. Bist du in einem Sportverein oder einer anderen Gruppe (z. B. einem Orchester oder einer Theatergruppe) aktiv? Dann beschreibe deinen Freunden, was du dort alles machst, auf was man aufpassen muss, was man können soll oder lernen kann.

   Verwende die Modalverben: wollen, sollen, können, möchten, dürfen, müssen.

4. Schreibe 20 Verben ohne und 10 Verben mit Vorsilben auf, die zu folgenden Themen passen:
   - Leichtathletik
   - Turnen
   - Fußball-Weltmeisterschaft

Forscherstation: Konjugation von Verben (Sportfest in der Schule)

Informationen für die Lehrkraft: Die Olympischen Spiele

Forscherstation: Verben in den Zeitformen Präsens und Präteritum *(Die Olympischen Spiele)*

Forschertext: Die Olympischen Spiele (Textform: Zeitungsartikel)
- Niveaustufe 1 = 139 Wörter, 14 Verben
- Niveaustufe 2 = 160 Wörter, 16 Verben

Kompetenzen
- Die Kinder wissen, dass Verben in die Zeitform der Handlung gesetzt werden.
- Die Kinder kennen die Gegenwartsform der Verben (Präsens).
- Die Kinder können Verben in der 1. Vergangenheitsform (Präteritum) bilden.
- Die Kinder wissen, dass das Präteritum in schriftlichen Texten verwendet wird.
- Die Kinder wissen, dass es oft Signalwörter gibt, die beim Erkennen der Zeitform helfen.

Eintrag auf der Wissens- und Erkenntniskarte
- Forscherauftrag 1: Verben können in unterschiedliche Zeitformen gesetzt werden. Mit der Gegenwartsform (Präsens) drückt man Ereignisse aus, die jetzt stattfinden. Signalwörter helfen, die richtige Zeitform zu erkennen.
- Forscherauftrag 2: Für Ereignisse, die bereits vorbei sind, verwendet man in schriftlichen Texten die Zeitform 1. Vergangenheit (Präteritum). Die 1. Vergangenheit (Präteritum) kann regelmäßig mit -te- oder unregelmäßig gebildet werden.

Arbeitsblatt	Zeit
Forscherauftrag 1	20 Min.
Versuchsauftrag 1	30 Min.
Anwendungsauftrag 1	30 Min.
Forscherauftrag 2	20 Min.
Versuchsauftrag 2	30 Min.

Arbeitsblatt	Zeit
Anwendungsauftrag 2a	30 Min.
Anwendungsauftrag 2b	20 Min.
Anwendungsauftrag 2c	40 Min.
Schreibauftrag	je 10–15 Min.

Lösung
Forscherauftrag 1:
2. Niveaustufe 1: 14 Verben, Niveaustufe 2: 16 Verben
3. Einige Verben erzählen, was jetzt passiert, andere, was bereits vorbei ist.
5. Verben können in unterschiedliche <u>Zeitformen</u> gesetzt werden. Mit der <u>Gegenwartsform</u> (Präsens) drückt man Ereignisse aus, die <u>jetzt</u> stattfinden.

Versuchsauftrag 1:

1.	Gegenwart	Vergangenheit
(1) Die alten Griechen feierten vor fast 3000 Jahren die ersten Wettkämpfe in Olympia.	☐ grün	☒ blau
(2) Damals umfassten die Spiele Sportarten wie Fünfkampf, Ringen und Wagenrennen.	☐ gelb	☒ schwarz
(3) Heute sind die Olympischen Spiele das größte Sportereignis der Welt.	☒ rot	☐ blau
(4) Früher galt ein Sieg bei den Olympischen Spielen als das höchste Ziel eines Sportlers.	☐ rot	☒ gelb
(5) Auch jetzt ist das noch so.	☒ grün	☐ schwarz

Informationen für die Lehrkraft: Die Olympischen Spiele

Anwendungsauftrag 1:
1. (1) Bei den Olympischen Spielen kämpfen tausende Athleten um die Medaillen.
   (2) Die Sportler trainieren jahrelang für diesen Wettbewerb.
   (3) Viele Zuschauer schauen die Olympischen Spiele im Fernsehen an.
   (4) Der Olympische Sieg gilt als die höchste Auszeichnung für einen Sportler.

2.

Vergangenheit	Gegenwart
bei den letzten Winterspielen	heute
vor fast 3000 Jahren	jetzt
damals	seit 1960
früher	

Forscherauftrag 2:
2. Niveaustufe 1 und 2: 7 Verben
3. Die Sätze erzählen, was bereits vorbei ist.
4. Für Ereignisse, die bereits vorbei sind, verwendet man in schriftlichen Texten die Zeitform 1. Vergangenheit (Präteritum).

Versuchsauftrag 2:
1. feierten–feiern, umfassten–umfassen, kämpften–kämpfen, wetteiferten–wetteifern

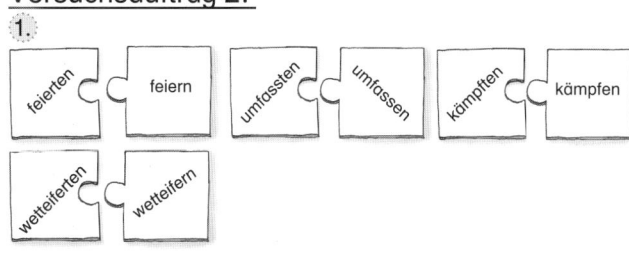

2. b) feierten, umfassten, wetteiferten, kämpften
3. b) bekam   waren   galt
       bekommen   sein   gelten
   c) Verben bilden die 1. Vergangenheit (Präteritum) auf zwei Arten:
   regelmäßig: ich feiere → ich feierte
   unregelmäßig: ich bekomme → ich bekam

Anwendungsauftrag 2a:
1.

Infinitiv (Grundform)	kämpfen	träumen	hoffen
Einzahl (Singular) ich (1. Person)	kämpfte	träumte	hoffte
du (2. Person)	kämpftest	träumtest	hofftest
er/sie/es (3. Person)	kämpfte	träumte	hoffte
Mehrzahl (Plural) wir (1. Person)	kämpften	träumten	hofften
ihr (2. Person)	kämpftet	träumtet	hofftet
sie (3. Person)	kämpften	träumten	hofften

2. Als die alten Griechen die Olympischen Spiele besuchten, kämpften nicht nur Sportler um den olympischen Sieg. Auch Künstler wetteiferten in musischen Wettbewerben um den Ruhm. Vor allem feierte man aber mit religiösen Festen den Göttervater Zeus. Die Olympischen Spiele dauerten damals fünf Tage.

Anwendungsauftrag 2c:
1. (1) Pierre de Coubertin gründete 1894 das Internationale Olympische Komitee (IOC).
   (2) Er entwarf auch 1913 die olympische Flagge.
   (3) Die Flagge zeigt die olympischen Ringe auf weißem Hintergrund.
   (4) Die olympischen Ringe symbolisieren die fünf Kontinente.
   (5) Die sechs Farben der Flagge entsprechen den Farben aller Nationalflaggen der Welt.

2.
(1) wir singen — wir SANGEN
(2) sie mag — sie MOCHTE
(3) ich lese — ich LAS
(4) ihr seid — ihr WARD
(5) du nimmst — du NAHMST
(6) er hat — er HATTE
(7) wir stehen — wir STANDEN
(8) sie essen — sie AßEN
(9) du rufst — du RIEFST
(10) ich laufe — ich LIEF
(11) es schläft — es SCHLIEF
(12) sie fahren — sie FUHREN

Forscherstation: Verben in den Zeitformen Präsens und Präteritum (Die Olympischen Spiele)

Sprachforscherpass: Die Olympischen Spiele

Name: .... Datum: ....

Mein Sprachforscherpass für die Forscherstation

Für jede Aufgabe, die du erledigt hast, kannst du eine Lupe ausmalen.

Aufgabe	
Forschertext lesen	🔍
Forscherauftrag 1	🔍
Versuchsauftrag 1	🔍
Anwendungsauftrag 1	🔍
Forscherauftrag 2	🔍
Versuchsauftrag 2	🔍

Aufgabe	
Anwendungsauftrag 2a	🔍
Anwendungsauftrag 2b	🔍
Anwendungsauftrag 2c	🔍
Schreibauftrag	🔍
Wortschatztraining	🔍

Wissens- und Erkenntniskarte:

Das habe ich herausgefunden:

1. _____

_____

2. _____

_____

Forschertext: Die Olympischen Spiele

Die Olympischen Spiele

Ihren Namen haben die Olympischen Spiele von den alten Griechen. Vor fast 3000 Jahren feierten sie die ersten Wettkämpfe in Olympia. Damals umfassten die Spiele Sportarten wie Fünfkampf, Ringen und Wagenrennen. Der Beste bekam als Preis
5 einen Siegeskranz aus Olivenzweigen.
Heute sind die Olympischen Spiele das größte Sportereignis der Welt. Die Athleten träumen von einem Olympischen Sieg und die Zuschauer hoffen auf neue Rekorde. Es gibt Sommerspiele und Winterspiele. Seit 1960 veranstaltet man auch direkt im Anschluss an die Olympischen Spiele die Paralympics für Sportler mit Behinderung.
10 Bei den letzten Winterspielen kämpften fast 3000 Athleten um mehr als 100 Goldmedaillen. Bei den letzten Sommerspielen waren es sogar über 11000 Sportler, die um etwa 300 Goldmedaillen wetteiferten.
Früher galt ein Sieg bei den Olympischen Spielen als das höchste Ziel eines Sportlers. Auch jetzt ist das noch so.

Die Olympischen Spiele

Ihren Namen haben die Olympischen Spiele von den alten Griechen. Diese feierten vor fast 3000 Jahren die ersten Wettkämpfe zu Ehren des Gottes Zeus in Olympia. Damals umfassten die Spiele Sportarten wie Fünfkampf, Ringen und Wagenrennen
5 und der Beste bekam als Preis einen Siegeskranz aus Olivenzweigen.
Heute sind die Olympischen Spiele das größte Sportereignis der Welt. Die Athleten träumen von einem Olympischen Sieg und die Zuschauer hoffen auf neue Rekorde. Es gibt Sommerspiele und Winterspiele und sie finden alle vier Jahre statt. Seit 1960 veranstaltet man direkt im Anschluss an die Olympischen Spiele
10 die Paralympics. Die besten Sportler mit Behinderung kämpfen dort in eigenen Wettbewerben um den Sieg.
Bei den letzten Winterspielen kämpften fast 3000 Athleten um mehr als 100 Goldmedaillen. Bei den letzten Sommerspielen waren es sogar über 11000 Sportler, die um etwa 300 Goldmedaillen wetteiferten.
15 Früher galt ein Sieg bei den Olympischen Spielen als das höchste Ziel eines Sportlers. Auch jetzt ist das noch so.

Gesprächsanlässe:
- Wer von euch kennt sich mit den Olympischen Spielen aus?
- Welche Sportarten sind bei Olympia vertreten?

Verben-Wortschatz: Die Olympischen Spiele

Wort

bekommen	feiern	geben
Präsens: ich bekomme	Präsens: ich feiere	Präsens: ich gebe
Präteritum: ich bekam	Präteritum: ich feierte	Präteritum: ich gab
Perfekt: ich habe bekommen	Perfekt: ich habe gefeiert	Perfekt: ich habe gegeben
gelten	**haben**	**hoffen**
Präsens: es gilt	Präsens: ich habe	Präsens: ich hoffe
Präteritum: es galt	Präteritum: ich hatte	Präteritum: ich hoffte
Perfekt: es hat gegolten	Perfekt: ich habe gehabt	Perfekt: ich habe gehofft
kämpfen	**sein**	**träumen**
Präsens: ich kämpfe	Präsens: ich bin	Präsens: ich träume
Präteritum: ich kämpfte	Präteritum: ich war	Präteritum: ich träumte
Perfekt: ich habe gekämpft	Perfekt: ich bin gewesen	Perfekt: ich habe geträumt
umfassen	**veranstalten**	**wetteifern**
Präsens: ich umfasse	Präsens: ich veranstalte	Präsens: ich wetteifere
Präteritum: ich umfasste	Präteritum: ich veranstaltete	Präteritum: ich wetteiferte
Perfekt: ich habe umfasst	Perfekt: ich habe veranstaltet	Perfekt: ich habe gewetteifert

Zusätzliche Wörter der Niveaustufe 2

stattfinden

Präsens: es findet statt
Präteritum: es fand statt
Perfekt: es hat stattgefunden

Forscherauftrag 1: Die Olympischen Spiele

Name: .... Datum: ....

**Meine Forscherfrage:
Wie zeigen Verben, wann etwas passiert?**

Aufgaben zur Forscherfrage	Erledigt
1. Lies den Text „Die Olympischen Spiele".	
2. Lies den Text noch einmal. Markiere alle Verben mit einem gelben Stift. Wie viele Verben hast du gefunden? Schreibe auf: ☐	
3. Schau dir jetzt die Verben genau an. Achte dabei auf die Zeit, von der sie dir erzählen. Was fällt dir auf? Schreibe auf: _____	
4. Unterstreiche Signalwörter, die dir zeigen, in welcher Zeit ein Satz spielt.	
5. Was fällt dir auf? Schreibe auf: Verben können in unterschiedliche _____ gesetzt werden. Mit der _____ (Präsens) drückt man Ereignisse aus, die _____ stattfinden.	

Wenn du etwas Wichtiges herausgefunden hast, kannst du es deinem Nachbarn weitererzählen.

Forscherstation: Verben in den Zeitformen Präsens und Präteritum (Die Olympischen Spiele)

Versuchsauftrag 1: Die Olympischen Spiele

Name: .... Datum: ....

Überprüfen: Verben können in unterschiedliche Zeitformen gesetzt werden. Mit der Gegenwartsform (Präsens) drückt man Ereignisse aus, die jetzt stattfinden.

1.
a) Kreuze an, ob die Handlung in der Gegenwart oder in der Vergangenheit spielt.

b) Male die Olympischen Ringe in der Farbe an, die du angekreuzt hast.

	Gegenwart	Vergangenheit
(1) Die alten Griechen feierten vor fast 3000 Jahren die ersten Wettkämpfe in Olympia.	☐ grün	☐ blau
(2) Damals umfassten die Spiele Sportarten wie Fünfkampf, Ringen und Wagenrennen.	☐ gelb	☐ schwarz
(3) Heute sind die Olympischen Spiele das größte Sportereignis der Welt.	☐ rot	☐ blau
(4) Früher galt ein Sieg bei den Olympischen Spielen als das höchste Ziel eines Sportlers.	☐ rot	☐ gelb
(5) Auch jetzt ist das noch so.	☐ grün	☐ schwarz

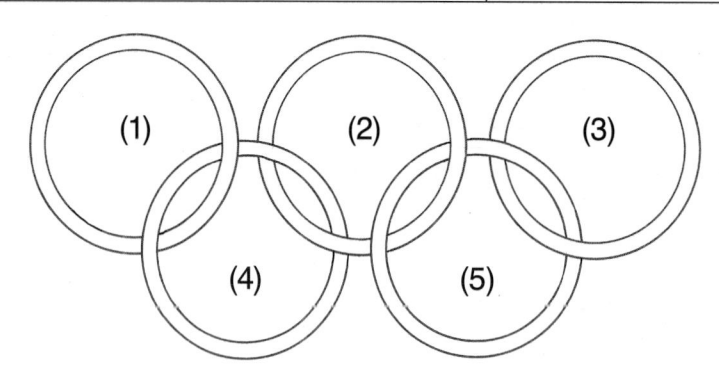

2.
a) Unterstreiche im Text "Die Olympischen Spiele" die Verben, die in der Gegenwart (Präsens) stehen, mit einem blauen Stift.

b) Bilde mit den Verben neue Sätze. Schreibe sie in dein Heft.

3. Schreibe die blau unterstrichenen Verben aus dem Text „Die Olympischen Spiele" in dein Heft und bestimme Form und Person.

Zeile 1: sie haben → 3. Person Plural

Forscherstation: Verben in den Zeitformen Präsens und Präteritum (Die Olympischen Spiele)

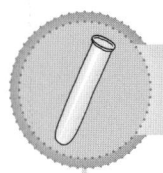

Anwendungsauftrag 1: Die Olympischen Spiele

Name: .... Datum: ....

> Verben können in unterschiedliche Zeitformen gesetzt werden. Mit der Gegenwartsform (Präsens) drückt man Ereignisse aus, die jetzt stattfinden. Signalwörter helfen, die richtige Zeitform zu erkennen.

1.
a) Verwandle die Sätze in die Gegenwart (Präsens).
b) Unterstreiche die Verben:

(1) Bei den Olympischen Spielen kämpften tausende Athleten um die Medaillen.

_____

_____

(2) Die Sportler trainierten jahrelang für diesen Wettbewerb.

_____

_____

(3) Viele Zuschauer schauten die Olympischen Spiele im Fernsehen an.

_____

_____

(4) Der Olympische Sieg galt als die höchste Auszeichnung für einen Sportler.

_____

_____

2. Schreibe eine Tabelle mit den Signalwörtern für die Gegenwart und die Vergangenheit in dein Heft.

> vor fast 3000 Jahren   heute   bei den letzten Winterspielen
> damals   seit 1960   früher   jetzt

Vergangenheit	Gegenwart
bei den letzten Winterspielen	

3. Schreibe zu den Signalwörtern aus Aufgabe 2 eigene Sätze. Kennst du noch weitere Signalwörter? Ergänze die Tabelle.

Forscherstation: Verben in den Zeitformen Präsens und Präteritum (Die Olympischen Spiele)

Forscherauftrag 2: Die Olympischen Spiele

Name: .... Datum: ....

Meine Forscherfrage:
Welche Verben zeigen, dass etwas schon passiert ist?

Aufgaben zur Forscherfrage	Erledigt
1. Lies den Text „Die Olympischen Spiele".	
2. Lies den Text noch einmal. Achte genau auf die Verben. Unterstreiche alle Verben, die etwas sagen, was nicht jetzt passiert, mit einem grünen Stift. Wie viele Verben hast du gefunden? Schreibe auf: ☐	
3. Schau dir die Sätze mit den grün unterstrichenen Verben genau an. Was fällt dir auf? Schreibe auf: _____	
4. Was hast du über die Verben herausgefunden? Schreibe auf: Für Ereignisse, die bereits _____ sind, verwendet man in _____ Texten die Zeitform 1. _____ (Präteritum).	

Wenn du etwas Wichtiges herausgefunden hast, kannst du es deinem Nachbarn weitererzählen.

Versuchsauftrag 2: Die Olympischen Spiele

Name: .... Datum: ....

Überprüfen: Für Ereignisse, die bereits vorbei sind, verwendet man in schriftlichen Texten die Zeitform 1. Vergangenheit (Präteritum).

1. Finde zu den Verben im Text die Gegenwartsform (Präsens) und male sie in der gleichen Farbe an.

   feierten umfassen feiern wetteiferten
   umfassten kämpften wetteifern kämpfen

2. a) Schreibe die Verben in der 1. Vergangenheit (Präteritum) aus Aufgabe 1 auf.

   b) Vergleiche sie mit der Gegenwartsform und markiere den Unterschied.

   _____

   _____

3. a) Im Text gibt es drei weitere Verben in der 1. Vergangenheit (Präteritum). Schreibe sie auf.

   b) Ergänze auf der Zeile darunter die jeweilige Grundform (Infinitiv).

   _____   _____   _____

   _____   _____   _____

   c) Was fällt dir auf? Vervollständige:

   Verben bilden die 1. Vergangenheit (Präteritum) auf _____ Arten:

   regelmäßig: _____:

   ich feiere → ich _____   ich bekomme → ich _____

4. Bilde mit den Verben, die im Text in der 1. Vergangenheit (Präteritum) stehen, Sätze und schreibe sie in dein Heft

Forscherstation: Verben in den Zeitformen Präsens und Präteritum (Die Olympischen Spiele)

Anwendungsauftrag 2a: Die Olympischen Spiele

Name: .... Datum: ....

> Für Ereignisse, die bereits vorbei sind, verwendet man in schriftlichen Texten die Zeitform 1. Vergangenheit (Präteritum).
> Regelmäßige Verben bilden ihre 1. Vergangenheit (Präteritum) mit -te-.

1. Konjugiere die Verben in der 1. Vergangenheit (Präteritum) und kreise die Endungen ein!

Infinitiv (Grundform)		kämpfen	träumen	hoffen	
Einzahl (Singular)	**ich** (1. Person)	kämpfte			**PRÄTERITUM**
	du (2. Person)		träumtest		
	er/sie/es (3. Person)			hoffte	
Mehrzahl (Plural)	**wir** (1. Person)				
	ihr (2. Person)				
	sie (3. Person)				

2. Hier stimmt etwas nicht. Schreibe den Text noch einmal in der 1. Vergangenheit (Präteritum) in dein Heft.

Als die alten Griechen die Olympischen Spiele besuchen, kämpfen nicht nur Sportler um den olympischen Sieg. Auch Künstler wetteifern in musischen Wettbewerben um den Ruhm. Vor allem feiert man aber mit religiösen Festen den Göttervater Zeus. Die Olympischen Spiele dauern damals fünf Tage.

3. Suche weitere 10 Verben, die ihre 1. Vergangenheitsform regelmäßig bilden. Schreibe Sätze mit diesen Verben in dein Heft.

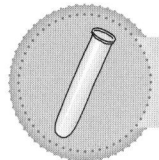

Anwendungsauftrag 2b: Die Olympischen Spiele

Name: .... Datum: ....

> Für Ereignisse, die bereits vorbei sind, verwendet man in schriftlichen Texten die Zeitform 1. Vergangenheit (Präteritum).
> Manche unregelmäßigen Verben verändern beim Konjugieren auch im Präteritum ihren Wortstamm. Beispiel: **geben** → ich **gebe** – ich **gab**

1.
   a) Schneide das Domino an den gestrichelten Linien aus.
   b) Finde die passende Vergangenheitsform (Präteritum) zur Grundform und lege das Domino. Beginne mit Start und klebe das fertige Domino in dein Heft.

2. Suche im Wörterbuch noch mehr unregelmäßige Verben und schreibe sie dem ABC nach im Präteritum in dein Heft.

START	bleiben	er ließ	sein	sie hieß	bringen
ihr hattet	lassen	ich half	haben	ich ging	gefallen
ich vergaß	sitzen	er brachte	gehen	ich hielt	tun
du kamst	heißen	sie lagen	kommen	wir fanden	liegen
sie sahen	halten	sie blieb	sehen	ich saß	helfen
es gefiel	können	sie rannte	vergessen	ihr konntet	rennen
er wusste	finden	ich tat	wissen	du warst	ENDE

Forscherstation: Verben in den Zeitformen Präsens und Präteritum (Die Olympischen Spiele)

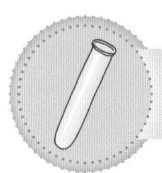

Anwendungsauftrag 2c: Die Olympischen Spiele

Name: .... Datum: ....

> Für Ereignisse, die bereits vorbei sind, verwendet man in schriftlichen Texten die Zeitform 1. Vergangenheit (Präteritum). Die 1. Vergangenheit (Präteritum) kann regelmäßig mit -te- oder unregelmäßig gebildet werden.

1. Bilde aus den Wörtern sinnvolle Sätze und schreibe sie in dein Heft. Entscheide selbst, ob sie in der 1. Vergangenheit (Präteritum) oder in der Gegenwart (Präsens) stehen müssen.

(1) Pierre de Coubertin – 1894 – das Internationale Olympische Komitee (IOC) – gründen
(2) er – die olympische Flagge – entwerfen – 1913 – auch
(3) auf weißem Hintergrund – die Flagge – zeigen – die olympischen Ringe
(4) die olympischen Ringe – die fünf Kontinente – symbolisieren
(5) entsprechen – die sechs Farben der Flagge – den Farben aller Nationalflaggen der Welt

2. Schreibe die Verben in der 1. Vergangenheit (Präteritum) in die Zeilen.

(1) wir singen — wir
(2) sie mag — sie
(3) ich lese — ich
(4) ihr seid — ihr
(5) du nimmst — du
(6) er hat — er
(7) wir stehen — wir
(8) sie essen — sie
(9) du rufst — du
(10) ich laufe — ich
(11) es schläft — es
(12) sie fahren — sie

3. Schreibe die grün unterstrichenen Verben aus dem Text „Die Olympischen Spiele" in dein Heft und bestimme Form und Person.

Beispiel: Zeile 1: sie feierten → 3. Person Plural

Schreibauftrag: Die Olympischen Spiele

Name: .... Datum: ....

> Verben können in unterschiedliche Zeitformen gesetzt werden. Mit der Gegenwartsform (Präsens) drückt man Ereignisse aus, die jetzt stattfinden. Für Ereignisse, die bereits vorbei sind, verwendet man in schriftlichen Texten die Zeitform 1. Vergangenheit (Präteritum).

Nutze die Hilfskarte „Drei-Finger-Probe" beim Schreiben.

1. Wähle ein Thema und schreibe einen Text in dein Heft:

   a) Meine liebste Olympische Disziplin
   b) Die Olympischen Spiele mag ich gar nicht, weil …
   c) Die letzten Olympischen Spiele

2. Schreibe eine Abenteuergeschichte. Nutze das Präteritum.

Vor langer Zeit langweilte sich ein Fußball sehr. Er rollte jeden Tag auf dem Fußballplatz herum und lag dann die ganze Nacht in einem Schrank. Er aber wollte in die weite Welt hinaus.
Als eines Tages eine Fußballmannschaft aus Afrika zu Besuch kam, hüpfte der Ball in die Tasche eines Spielers …

Diese W- Fragen helfen dir:

- Wen traf er?
- Wer reiste mit?
- Wo landete er?
- Was für Abenteuer erlebt der Fußball?
- Wie reiste er weiter?
- Wo blieb er und was erlebte er dort?

3. Machst du eine Sportart, bei der Wettkämpfe stattfinden? Dann schreibe einen kurzen Bericht über deinen letzten Wettkampf oder das letzte Turnier. Nutze das Präteritum.

Denke an folgende Punkte:

Sportart / Art des Wettkampfes / Disziplinen / Ort / Ergebnis / spannende Momente

4. Schreibe einen Text „Damals und heute. Was war früher anders als heute?"

Wähle ein Thema: Schule / Erziehung / Mode / Fernseher / Telefon.

Informationen für die Lehrkraft: Interview mit einem Fußballprofi

Forscherstation: Verben im Perfekt (Interview mit einem Fußballprofi)

Forschertext: Interview mit einem Fußballprofi (Textform: Dialog)
- Niveaustufe 1 = 142 Wörter, 16 Verben im Perfekt
- Niveaustufe 2 = 166 Wörter, 19 Verben im Perfekt

Kompetenzen
- Die Kinder können Verben in die 2. Vergangenheitsform (Perfekt) bilden.
- Die Kinder wissen, dass man das Perfekt aus einem Hilfsverb (haben oder sein) und dem Partizip 2 bildet.
- Die Kinder wissen, dass das Perfekt die Form ist, in der wir mündlich über Vergangenes erzählen.
- Die Kinder wissen, dass das Präteritum die Form ist, die wir in schriftlichen Texten nutzen.

Eintrag auf der Wissens- und Erkenntniskarte
- Forscherauftrag: Wird ein vergangenes Ereignis mündlich erzählt, verwendet man die 2. Vergangenheit (Perfekt). Dafür benötigt man „haben" und „sein" und das Verb mit der Vorsilbe „ge-". Die 1. Vergangenheit (Präteritum) benutzt man in schriftlichen Texten. Das Präteritum ist die Vergangenheitsform des Schreibens, das Perfekt des Sprechens.

Arbeitsblatt	Zeit
Forscherauftrag	30 Min.
Versuchsauftrag	20 Min.
Anwendungsauftrag A	20 Min.

Arbeitsblatt	Zeit
Anwendungsauftrag B	20 Min.
Anwendungsauftrag C	30 Min.
Schreibauftrag	je 10–15 Min.

Lösung

Forscherauftrag:
3. Die Verben „haben" und „sein" stehen in der Person und im Präsens.
4. Der Verbteil am Satzende drückt die eigentliche Handlung aus und beginnt mit „ge-".
5. Wird ein <u>vergangenes</u> Ereignis <u>mündlich</u> erzählt, verwendet man die 2. <u>Vergangenheit</u> (Perfekt). Dafür benötigt man <u>„haben"</u> und <u>„sein"</u> und das <u>Verb</u> mit der Vorsilbe <u>„ge-"</u>.

Versuchsauftrag:
1. (1) ist gestartet, (2) habe geschossen, (3) bist gekommen, (4) bin gegangen, (5) hast gemacht, (6) habe gemalt, (7) habe gespielt, (8) hat gewählt
Pepe Ronaldini spielt für JUVENTUS
2. mitgenommen / mitnehmen, gefallen / gefallen

Anwendungsauftrag A:
1.

Infinitiv (Grundform)		spielen	gehen
Einzahl (Singular)	ich (1. Person)	habe gespielt	bin gegangen
	du (2. Person)	hast gespielt	bist gegangen
	er/sie/es (3. Person)	hat gespielt	ist gegangen
Mehrzahl (Plural)	wir (1. Person)	haben gespielt	sind gegangen
	ihr (2. Person)	habt gespielt	seid gegangen
	sie (3. Person)	haben gespielt	sind gegangen

Informationen für die Lehrkraft: Interview mit einem Fußballprofi

2.

sein	er ist gestartet	er ist gekommen
haben	er hat gehört	er hat geschossen
Hilfsverb	**regelmäßiges Partizip 2**	**unregelmäßiges Partizip 2**

Anwendungsauftrag B:

1. Pepe Ronaldini <u>startete</u> gut in die Saison und <u>schoss</u> bereits in den ersten Spielen viele Tore. Zum Fußball <u>kam</u> er, weil ihn sein Vater als Kind mit auf den Sportplatz <u>nahm</u>. Von da an <u>ging</u> er regelmäßig zum Fußballtraining. Auch wenn er als Kind am liebsten in seiner Freizeit mit seinen Freunden Fußball <u>spielte</u>, so <u>malte</u> und <u>las</u> er auch viel. Als Profi-Fußballer <u>lebte</u> er schon in mehreren Ländern, aber am besten <u>gefiel</u> es ihm in Brasilien. Nachdem man ihn zum Weltfußballer des Jahres <u>wählte</u>, <u>fühlte</u> er sich dankbar und <u>freute</u> sich darüber sehr.

2.

	Präsens	**Präteritum**	**Perfekt**
ich	schweige	schwieg	habe geschwiegen
du	bleibst	bliebst	bist geblieben
er	mag	mochte	hat gemocht
es	regnet	regnete	hat geregnet
wir	denken	dachten	haben gedacht
ihr	sagt	sagtet	habt gesagt
sie	hüpfen	hüpften	sind gehüpft

Sprachforscherpass: Interview mit einem Fußballprofi

Name: .... Datum: ....

Mein Sprachforscherpass für die Forscherstation

Für jede Aufgabe, die du erledigt hast, kannst du eine Lupe ausmalen.

Aufgabe	
Forschertext lesen	🔍
Forscherauftrag 1	🔍
Versuchsauftrag 1	🔍
Anwendungsauftrag 1a	🔍

Aufgabe	
Anwendungsauftrag 1b	🔍
Anwendungsauftrag 1c	🔍
Schreibauftrag	🔍
Wortschatztraining	🔍

Wissens- und Erkenntniskarte:

Das habe ich herausgefunden:

_____
_____
_____
_____

Forschertext: Interview mit einem Fußballprofi

Interview mit einem Fußballprofi

Reporter: Pepe, die Saison ist gut für dich gestartet.
Pepe Ronaldini: Ja, ich habe in den ersten Spielen bereits viele Tore geschossen.
Reporter: Wie bist du eigentlich zum Fußball gekommen?
5 **Pepe Ronaldini:** Mein Vater hat mich als Kind auf den Sportplatz mitgenommen. Von da an bin ich regelmäßig zum Fußballtraining gegangen.
Reporter: Was hast du als Kind sonst noch in deiner Freizeit gemacht?
Pepe Ronaldini: Ich habe viel gemalt und gelesen. Aber am liebsten habe ich mit meinen Freunden Fußball gespielt.
10 **Reporter:** Du hast als Profi-Fußballer schon in mehreren Ländern gelebt. Wo hat es dir am besten gefallen?
Pepe Ronaldini: In Brasilien hat es mir am besten gefallen.
Reporter: Man hat dich zum Weltfußballer des Jahres gewählt. Wie hast du dich gefühlt, als du dies gehört hast?
15 **Pepe Ronaldini:** Dankbar – und ich habe mich natürlich sehr gefreut.

Interview mit einem Fußballprofi

Reporter: Pepe, die Saison ist gut für dich gestartet. Wie hast du den Start empfunden?
Pepe Ronaldini: Ja, ich habe in den ersten Spielen bereits viele Tore geschossen
5 und darüber habe ich mich sehr gefreut.
Reporter: Wie bist du eigentlich zum Fußball gekommen?
Pepe Ronaldini: Mein Vater hat mich als Kind auf den Sportplatz mitgenommen. Von da an bin ich regelmäßig zum Fußballtraining gegangen.
Reporter: Was hast du als Kind sonst noch in deiner Freizeit gemacht?
10 **Pepe Ronaldini:** Ich habe viel gemalt und gelesen. Aber am liebsten habe ich mit meinen Freunden Fußball gespielt.
Reporter: Du hast als Profi-Fußballer schon in mehreren Ländern gelebt. Wo hat es dir am besten gefallen?
Pepe Ronaldini: In Brasilien hat es mir am besten gefallen. Besonders die
15 Menschen und ihre Leidenschaft für Fußball habe ich gemocht.
Reporter: Man hat dich zum Weltfußballer des Jahres gewählt. Wie hast du dich gefühlt, als du dies gehört hast?
Pepe Ronaldini: Dankbar – und ich habe mich natürlich sehr gefreut.

Gesprächsanlässe:
- Unterschiede von Leistungssport und Freizeitsport
- Das Leben als Fußballprofi

Verben-Wortschatz: Interview mit einem Fußballprofi

sich freuen	**sich fühlen**	**gefallen**
Präsens: ich freue mich	Präsens: ich fühle mich	Präsens: es gefällt mir
Präteritum: ich freute mich	Präteritum: ich fühlte mich	Präteritum: es gefiel mir
Perfekt: ich habe mich gefreut	Perfekt: ich habe mich gefühlt	Perfekt: es hat mir gefallen
gehen	**hören**	**kommen**
Präsens: ich gehe	Präsens: ich höre	Präsens: ich komme
Präteritum: ich ging	Präteritum: ich hörte	Präteritum: ich kam
Perfekt: ich bin gegangen	Perfekt: ich habe gehört	Perfekt: ich bin gekommen
leben	**lesen**	**machen**
Präsens: ich lebe	Präsens: ich lese	Präsens: ich mache
Präteritum: ich lebte	Präteritum: ich las	Präteritum: ich machte
Perfekt: ich habe gelebt	Perfekt: ich habe gelesen	Perfekt: ich habe gemacht
malen	**mitnehmen**	**schießen**
Präsens: ich male	Präsens: ich nehme mit	Präsens: ich schieße
Präteritum: ich malte	Präteritum: ich nahm mit	Präteritum: ich schoss
Perfekt: ich habe gemalt	Perfekt: ich habe mitgenommen	Perfekt: ich habe geschossen
spielen	**starten**	**wählen**
Präsens: ich spiele	Präsens: ich starte	Präsens: ich wähle
Präteritum: ich spielte	Präteritum: ich startete	Präteritum: ich wählte
Perfekt: ich habe gespielt	Perfekt: ich bin gestartet	Perfekt: ich habe gewählt
haben	**sein**	
Präsens: ich habe	Präsens: ich bin	
Präteritum: ich hatte	Präteritum: ich war	
Perfekt: ich habe gehabt	Perfekt: ich bin gewesen	

Zusätzliche Wörter der Niveaustufe 2

empfinden	**mögen**
Präsens: ich empfinde	Präsens: ich mag
Präteritum: ich empfand	Präteritum: ich mochte
Perfekt: ich habe empfunden	Perfekt: ich habe gemocht

Forscherauftrag: Interview mit einem Fußballprofi

Name: .... Datum: ....

Meine Forscherfrage:
Gibt es noch eine Zeitform für die Vergangenheit?

Aufgaben zur Forscherfrage	Erledigt
1. Lies den Text „Interview mit einem Fußballprofi".	
2. Lies den Text noch einmal. Markiere alle Verben mit einem gelben Stift. Achtung: Die Verben bestehen aus mehr als einem Wort! Du findest sie mithilfe der Frage: „Was tat …?".	
3. Unterstreiche die Formen von „haben" und „sein" mit einem blauen Stift. Was fällt dir auf? Schreibe auf: _____	
4. Schau dir jetzt die Verbteile am Satzende genau an. Was fällt dir auf? Schreibe auf: _____	
5. Was hast du über die Verben herausgefunden? Schreibe auf: Wird ein _____ Ereignis _____ erzählt, verwendet man die 2. _____ (Perfekt). Dafür benötigt man „_____" und „_____" und das _____ mit der Vorsilbe „ge-".	

Wenn du etwas Wichtiges herausgefunden hast, kannst du es deinem Nachbarn weitererzählen.

Forscherstation: Verben im Perfekt (Interview mit einem Fußballprofi)

Versuchsauftrag: Interview mit einem Fußballprofi

Name: .... Datum: ....

Überprüfen: Wird ein vergangenes Ereignis mündlich erzählt, verwendet man die 2. Vergangenheit (Perfekt). Dafür benötigt man „haben" und „sein" und das Verb mit der Vorsilbe „ge-".

1. a) Schreibe die Verben in der 2. Vergangenheit (Perfekt) mit dem Hilfsverb in der Reihenfolge auf, in der sie im Interview vorkommen.

   > gegangen   geschossen   gewählt   gemacht   gemalt
   > gespielt   gekommen   gestartet

   b) Verbinde sie mit der richtigen Grundform (Infinitiv).

   c) Setze die Buchstaben hinter der Grundform in der richtigen Reihenfolge unten als Lösungswort ein.

   (1) ist _____   wählen (S)

   (2) _____   spielen (U)

   (3) _____   gehen (E)

   (4) _____   starten (J)

   (5) _____   kommen (V)

   (6) _____   malen (T)

   (7) _____   schießen (U)

   (8) _____   machen (N)

   Lösung: Pepe Ronaldini spielt für ☐☐☐☐☐☐☐☐ .
                  1 2 3 4 5 6 7 8

2. a) Entziffere die Geheimschrift. Suche aus dem Text die beiden Verben in der 2. Vergangenheit (Perfekt) und schreibe sie auf die obere Zeile.

   b) Schreibe die Grundform (Infinitiv) der Verben darunter und vergleiche.

   m⚽tg⚽n⚽mm⚽n   g⚽f⚽ll⚽n

   _____   _____

   _____   _____

3. Denke dir noch mehr Interviewfragen aus. Setze sie ins Perfekt und bereite ein Rollenspiel vor.

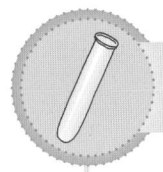

Anwendungsauftrag A: Interview mit einem Fußballprofi

Name: .... Datum: ....

> Wird ein vergangenes Ereignis mündlich erzählt, verwendet man die 2. Vergangenheit (Perfekt). Dafür benötigt man „haben" und „sein" und das Verb mit der Vorsilbe „ge-".

1.
a) Schau dir die 2. Vergangenheit (Perfekt) der Verben an.
b) Markiere die Vorsilbe und die Endung des Verbs mit einem grünen Stift.

Infinitiv (Grundform)			spielen	gehen	
Einzahl (Singular)		ich (1. Person)	habe gespielt	bin gegangen	PERFEKT
		du (2. Person)	hast gespielt	bist gegangen	
		er/sie/es (3. Person)	hat gespielt	ist gegangen	
Mehrzahl (Plural)		wir (1. Person)	haben gespielt	sind gegangen	
		ihr (2. Person)	habt gespielt	seid gegangen	
		sie (3. Person)	haben gespielt	sind gegangen	

2. Die Zeitform 2. Vergangenheit (Perfekt) wird regelmäßig und unregelmäßig gebildet. Bilde mit den Verben die 2. Vergangenheit (Perfekt). Setze die Hilfsverben und die fehlenden Wortteile an der richtigen Stelle in der Tabelle ein.

> hören   kommen   schießen   starten

sein	er _____ ge_____ et	er _____ ge_____ en
haben	er _____ ge_____ t	er _____ ge_____ en
Hilfsverb	**regelmäßiges Partizip 2**	**unregelmäßiges Partizip 2**

3. Male Tabellen wie in Aufgabe 1 in dein Heft und konjugiere die Verben in der 2. Vergangenheit (Perfekt) mit den Hilfsverben.

fliegen, rennen, kommen, malen, lesen, tanzen

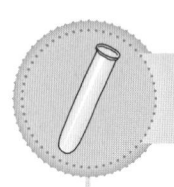

Anwendungsauftrag B: Interview mit einem Fußballprofi

Name: .... Datum: ....

> Wird ein vergangenes Ereignis mündlich erzählt, verwendet man die 2. Vergangenheit (Perfekt), die gesprochene Vergangenheit. In schriftlichen Texten benutzt man die 1. Vergangenheit (Präteritum), die schriftliche Vergangenheit.

1. Der Reporter muss aus dem Interview einen Artikel für die Zeitung schreiben. Setze die Verben in der richtigen Form ein.

Pepe Ronaldini _____ gut in die Saison und _____ bereits in den ersten Spielen viele Tore. Zum Fußball _____ er, weil ihn sein Vater als Kind mit auf den Sportplatz _____. Von da an _____ er regelmäßig zum Fußballtraining. Auch wenn er als Kind am liebsten in seiner Freizeit mit seinen Freunden Fußball _____, so _____ und _____ er auch viel. Als Profi-Fußballer _____ er schon in mehreren Ländern, aber am besten _____ es ihm in Brasilien. Nachdem man ihn zum Weltfußballer des Jahres _____, _____ er sich dankbar und _____ sich darüber sehr.

2. Ergänze die Verben in der 1. und 2. Vergangenheit (Präteritum und Perfekt).

	Präsens	Präteritum	Perfekt
ich	schweige		habe geschwiegen
du	bleibst		
er	mag	mochte	
es	regnet		
wir	denken		
ihr	sagt		
sie	hüpfen		

3. Suche vier Verben im Wörterbuch: zwei mit dem Hilfsverb „haben" und zwei mit dem Hilfsverb „sein". Bilde die 1. und 2. Vergangenheit (Präteritum und Perfekt) und schreibe die Verben in dein Heft.

Forscherstation: Verben im Perfekt (Interview mit einem Fußballprofi)

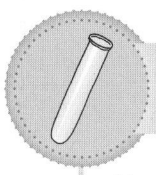

Anwendungsauftrag C: Interview mit einem Fußballprofi

Name: .... Datum: ....

1.
a) Suche dir mindestens 1 Mitspieler. Schneidet die Fußballkarten (unten) aus, mischt sie und legt sie verdeckt auf einen Stapel.

b) Ein Spieler würfelt. Landet seine Spielfigur auf einem Fußball, zieht der rechte Partner eine Fußballkarte. Der Partner bildet mit dem Verb einen Satz in der angegebenen Zeitform. Der Spieler muss richtig reagieren. Reagiert er falsch, muss seine Spielfigur ein Feld zurück. Wer als Erster das Ziel erreicht, gewinnt.

Richtige Reaktionen:
- **Präsens** → Handlung ausführen
- **Präteritum** → sitzend Verb in Grundform in die Luft schreiben
- **Perfekt** → stehend Verb in Grundform flüstern

2. Schreibe zu den Verben aus Aufgabe 1 je einen Satz in der 1. und 2. Vergangenheit (Präteritum und Perfekt) in dein Heft.

Präsens: stampfen	**Präsens:** hüpfen	**Präsens:** lachen	**Präsens:** husten	**Präsens:** tanzen	**Präsens:** singen
Präsens: pfeifen	**Präsens:** klatschen	**Präteritum:** stehen	**Präteritum:** stellen	**Präteritum:** laufen	**Präteritum:** malen
Präteritum: rechnen	**Präteritum:** schießen	**Präteritum:** rennen	**Perfekt:** bauen	**Perfekt:** sich freuen	**Perfekt:** fangen
Perfekt: lesen	**Perfekt:** spielen	**Perfekt:** kommen	**Perfekt:** nehmen	**Perfekt:** stolpern	**Perfekt:** werfen

Forscherstation: Verben im Perfekt (Interview mit einem Fußballprofi)

Schreibauftrag: Interview mit einem Fußballprofi

Name: .... Datum: ....

> Wird ein vergangenes Ereignis mündlich erzählt, verwendet man die 2. Vergangenheit (Perfekt). Dafür benötigt man die Hilfsverben „haben" und „sein" und das Verb mit der Vorsilbe „ge-".
> In schriftlichen Texten benutzt man die 1. Vergangenheit (Präteritum).

Nutze die Hilfskarte „Drei-Finger-Probe" beim Schreiben.

1. Das Perfekt benutzt man sehr häufig, wenn man über alltägliche Dinge spricht. Erzähle einem Partner

   a) von deinen letzten Ferien.
   b) vom letzten Wochenende.
   c) davon, was du gestern alles zu Hause gemacht hast.

   Dein Partner schreibt dein Erlebnis in der Zeitform 2. Vergangenheit (Perfekt) in dein Heft.

2. Schreibe zusammen mit deinem Partner einen Dialog. Jeder neue Sprecher erhält eine neue Zeile. Überlegt euch, wer welche Rolle hat und über welches Thema ihr euch unterhaltet:

   a) Der Fußballtrainer spricht mit der Mannschaft über das letzte Spiel.
   b) Zwei Kinder in der Pause streiten sich.
   c) Das Enkelkind erzählt seiner Oma vom letzten Fußballspiel.

3. Schreibe die Minigeschichte in der 1. Vergangenheit (Präteritum) auf und male dazu.

   > Lars läuft zum Sportplatz. Dort trifft er Julia. Sie spielen Fußball. Auch andere Kinder spielen mit. Lars schießt viele Tore und Julia steht im Tor. Sie hält viele Bälle. Am Ende gewinnen sie mit ihrer Mannschaft. Es macht sehr viel Spaß.

4. Schreibe selbst eine Minigeschichte. Erzähle in der 1. Vergangenheit (Präteritum). Wenn in deiner Geschichte Personen sprechen, verwende die Gegenwart (Präsens) oder die 2. Vergangenheit (Perfekt).

5. Wenn wir über etwas sprechen, das in der Vergangenheit begonnen hat und in der Zukunft endet, nutzen wir die 2. Vergangenheit (Perfekt).

   Beispiel: Morgen habe ich mein Raumschiff fertig gebaut.

   Was kann morgen, übermorgen oder nächstes Jahr noch alles fertig sein? Schreibe einen Zukunftsplan.

Informationen für die Lehrkraft: Sport der Zukunft – schon heute

Forscherstation: Verben im Futur und im Imperativ
(Sport der Zukunft – schon heute)

Forschertext: Sport der Zukunft – schon heute (Textform: Werbetext)
- Niveaustufe 1 = 146 Wörter, 13 Verben im Futur, 4 Verben im Imperativ
- Niveaustufe 2 = 176 Wörter, 15 Verben im Futur, 5 Verben im Imperativ

Kompetenzen
- Die Kinder wissen, dass das Futur (Zukunft) die Form ist, in der wir über Zukünftiges berichten und Vermutungen äußern.
- Die Kinder können Verben im Futur bilden. Sie wissen, dass das Futur mit dem Hilfsverb „werden" und dem Infinitiv (Grundform) des Verbs, das beschreibt, was passiert, gebildet wird.
- Die Kinder lernen Signalwörter kennen, die angeben, dass ein Satz im Futur steht.
- Die Kinder wissen, dass der Imperativ die Befehlsform des Verbs ist.
- Die Kinder können den Imperativ bilden.

Eintrag auf der Wissens- und Erkenntniskarte
- Forscherauftrag 1: Verben stehen im Futur, wenn man über Ereignisse in der Zukunft berichtet. Dafür benötigt man das Hilfsverb „werden" und das Verb im Infinitiv (Grundform).
- Forscherauftrag 2: Verben stehen in der Befehlsform (Imperativ), wenn man jemanden auffordert, etwas zu tun!

Arbeitsblatt	Zeit
Forscherauftrag 1	30 Min.
Versuchsauftrag 1	30 Min.
Anwendungsauftrag 1a	20 Min.
Anwendungsauftrag 1b	30 Min.

Arbeitsblatt	Zeit
Forscherauftrag 2	10 Min.
Versuchsauftrag 2	20 Min.
Anwendungsauftrag 2	30 Min.
Schreibauftrag	je 10–15 Min.

Lösung
Forscherauftrag 1:
3. Das Verb „werden" steht in der Person und im Präsens.
4. Der Verbteil am Satzende drückt die eigentliche Handlung aus und steht im Infinitv.
5. Verben stehen im Futur, wenn man über Ereignisse in der Zukunft berichtet. Dafür benötigt man das Hilfsverb „werden" und das Verb im Infinitiv (Grundform).

Versuchsauftrag 1:
1.
(1) Sport wird sich in den nächsten Jahren verändern!
(2) Bis 2033 werden neue Sportarten entstehen und alte Sportarten werden sich neu erfinden.
(3) Demnächst werden vor allem digitale Geräte im Sport zunehmen.
(4) Mit unserem Roboter KI-Futur-T werden Sie schon bald Teil der Zukunft sein!
(5) Unser Roboter wird bereits morgen Ihren Tennistrainer von heute ersetzen.
(6) Mit Ihrem neuen Robo-Coach werden Sie zukünftig auch lernen, mit welcher Aufschlagtechnik Sie am erfolgreichsten spielen werden.
(7) KI-Futur-T wird Sie begeistern – nicht erst in Zukunft!

2.
(1) Wenn ich groß bin, ~~wirst~~ werde ich den Führerschein machen.
(2) Ihr werdet ~~werden~~ immer pünktlich aus der Pause kommen!
(3) Tim und Frida ~~wird~~ werden immer ihr Zimmer aufräumen.
(4) Peter wird ~~werde~~ sich ein Auto kaufen.
(5) Wir ~~werdet~~ werden immer an dich denken.
(6) Wenn ich groß bin, ~~werden~~ werde ich immer ordentlich sein.
(7) Sabine ~~wirst~~ wird einmal um die Welt reisen.
(8) Du wirst ~~wird~~ uns bald wiedersehen.

Informationen für die Lehrkraft: Sport der Zukunft – schon heute

Anwendungsauftrag 1a:

1.

Infinitiv (Grundform)		spielen	
Einzahl (Singular)	ich (1. Person)	werde spielen	FUTUR
	du (2. Person)	wirst spielen	
	er/sie/es (3. Person)	wird spielen	
Mehrzahl (Plural)	wir (1. Person)	werden spielen	
	ihr (2. Person)	werdet spielen	
	sie (3. Person)	werden spielen	

2.

Infinitiv	rennen	geben	nehmen
ich	werde rennen	werde geben	werde nehmen
du	wirst rennen	wirst geben	wirst nehmen
er/sie/es	wird rennen	wird geben	wird nehmen
wir	werden rennen	werden geben	werden nehmen
ihr	werdet rennen	werdet geben	werdet nehmen
sie	werden rennen	werden geben	werden nehmen

Forscherauftrag 2:

2. Niveaustufe 1: 4 Verben, Niveaustufe 2: 5 Verben
3. Die Verben haben keine Endung oder die Endung -e, aber die Person wird nicht angegeben.
4. Verben stehen in der Befehlsform (Imperativ), wenn man jemanden auffordert, etwas zu tun!

Versuchsauftrag 2:

1.

T	R	A	I	N	I	E	R	L	E	R	N
R	U	S	A	G	F	M	O	A	L	A	R
A	N	N	T	E	L	L	I	S	E	Y	R
I	G	T	M	B	O	I	S	S	B	I	E
A	R	B	E	I	T	E	K	P	A	S	C
T	E	O	R	N	R	S	P	I	E	L	H
S	N	J	E	Z	U	P	O	E	N	F	N
A	N	I	M	M	Z	A	L	K	O	M	E

2. Wirf den Ball hoch! — Ja, ich werde den Ball hochwerfen.
Rennt schnell! — Ja, wir werden schnell rennen.
Hör zu! — Ja, ich werde zuhören.
Lauf zur Mittellinie! — Ja, ich werde zur Mittellinie laufen.
Passt auf! — Ja, wir werden aufpassen.
Sammelt die Bälle ein! — Ja, wir werden die Bälle einsammeln.
Warte! — Ja, ich werde warten.
Stoppt am Netz! — Ja, wir werden am Netz stoppen.

Anwendungsauftrag 2:

1. Pack das gelbe T-Shirt ein! Steck die Sportschuhe in den Beutel! Vergiss das Getränk nicht! Ruf nach dem Training an!
2. Ich packe meine Badesachen ein. → Pack …! Ich nehme ein Handtuch mit. → Nimm … mit!
Ich ziehe mich in der Umkleide um. → Zieh dich … um!
Ich dusche mich gründlich vor dem Baden. → Dusch dich …!
Ich trockne mich mit dem Handtuch ab. → Trockne dich … ab!
Ich creme mich mit Sonnencreme ein. → Creme dich … ein!

Sprachforscherpass: Sport der Zukunft – schon heute

Name: .... Datum: ....

Mein Sprachforscherpass für die Forscherstation

Für jede Aufgabe, die du erledigt hast, kannst du eine Lupe ausmalen.

Aufgabe	
Forschertext lesen	🔍
Forscherauftrag 1	🔍
Versuchsauftrag 1	🔍
Anwendungsauftrag 1a	🔍
Anwendungsauftrag 1b	🔍

Aufgabe	
Forscherauftrag 2	🔍
Versuchsauftrag 2	🔍
Anwendungsauftrag 2	🔍
Schreibauftrag	🔍
Wortschatztraining	🔍

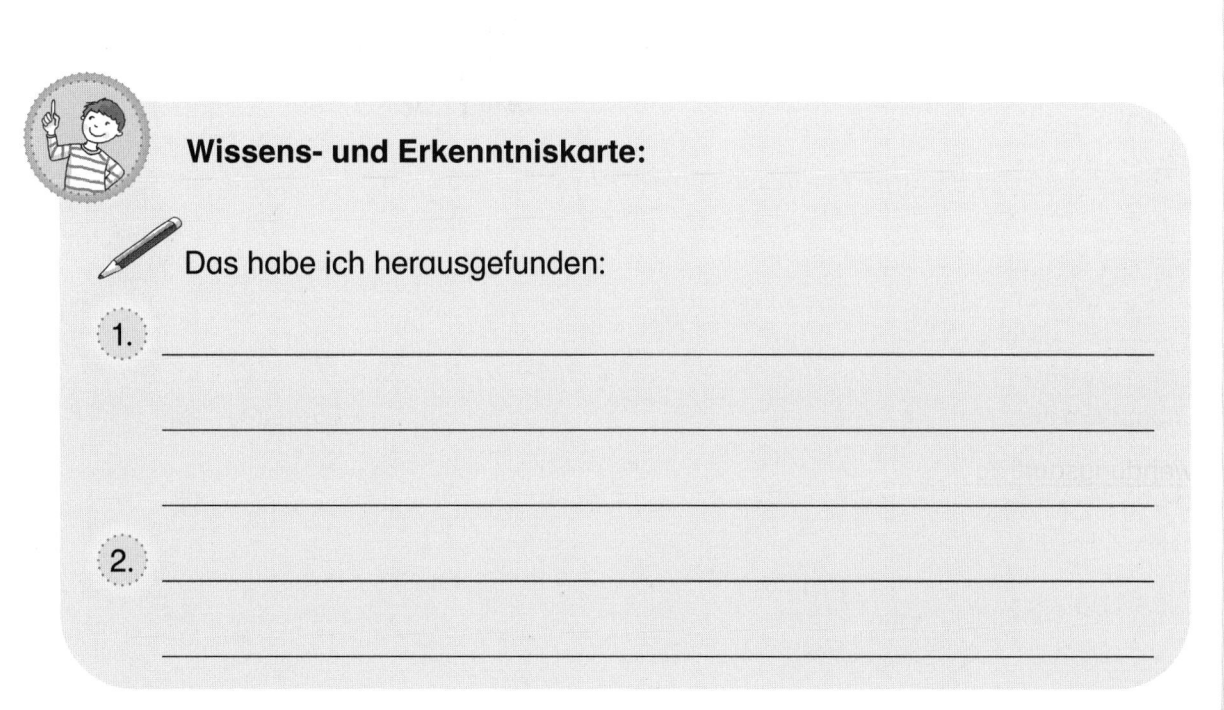

Wissens- und Erkenntniskarte:

Das habe ich herausgefunden:

1. _____
   _____

2. _____
   _____

Forschertext: Sport der Zukunft – schon heute

Sport der Zukunft – schon heute

Sport wird sich in den nächsten Jahren verändern! Bis 2033 werden neue Sportarten entstehen und alte Sportarten werden sich neu erfinden. Demnächst werden vor allem digitale Geräte im Sport zunehmen.
5 Da werden Sie doch sicherlich mitmachen?!
Mit unserem Roboter KI-Futur-T werden Sie schon bald Teil der Zukunft sein! Unser Roboter wird bereits morgen Ihren Tennistrainer von heute ersetzen. Er wird die Kommandos zurufen und Sie werden besser denn je trainieren. KI-Futur-T wird Ihnen– egal ob Anfänger oder Profi – nicht nur Ihren ganz persönlichen
10 Trainingsplan erstellen. Mit Ihrem neuen Robo-Coach werden Sie zukünftig auch lernen, mit welcher Aufschlagtechnik Sie am erfolgreichsten spielen werden. KI-Futur-T wird Sie begeistern – nicht erst in Zukunft!

> Schlag den Ball knapp über das Netz!
> Nimm den Schläger fester in die Hand!
> Atme beim Abschlagen fest aus!
> Spiel den Ball mit mehr Druck ins gegnerische Feld!

Sport der Zukunft – schon heute

Sport wird sich in den nächsten Jahren verändern! E-Rollschuhe mit Motor, Ultramarathon oder Freeclimbing werden nichts Besonderes mehr sein. Die Sportausrüstung wird zunehmend „intelligenter" werden. Bis 2033 werden neue
5 Sportarten entstehen und alte Sportarten werden sich neu erfinden. Demnächst werden vor allem digitale Geräte im Sport zunehmen.
Da werden Sie doch sicherlich mitmachen?!
Mit unserem Roboter KI-Futur-T werden Sie bald Teil der Zukunft sein! Unser Roboter wird bereits morgen Ihren Tennistrainer von heute ersetzen. Er wird
10 die Kommandos zurufen und Sie werden besser denn je trainieren. KI-Futur-T wird Ihnen – egal ob Anfänger oder Profi –nicht nur Ihren ganz persönlichen Trainingsplan erstellen. Mit Ihrem neuen Robo-Coach werden Sie zukünftig auch lernen, mit welcher Aufschlagtechnik Sie am erfolgreichsten spielen werden.
KI-Futur-T wird Sie begeistern – nicht erst in Zukunft!

> Schlag den Ball knapp über das Netz!
> Nimm den Schläger fester in die Hand!
> Renn noch schneller zum Netz!
> Atme beim Abschlagen fest aus!
> Spiel den Ball mit mehr Druck ins gegnerische Feld!

Gesprächsanlässe:
- Sport der Zukunft
- Roboter, digitale Medien und Co.

Verben-Wortschatz: Sport der Zukunft – schon heute

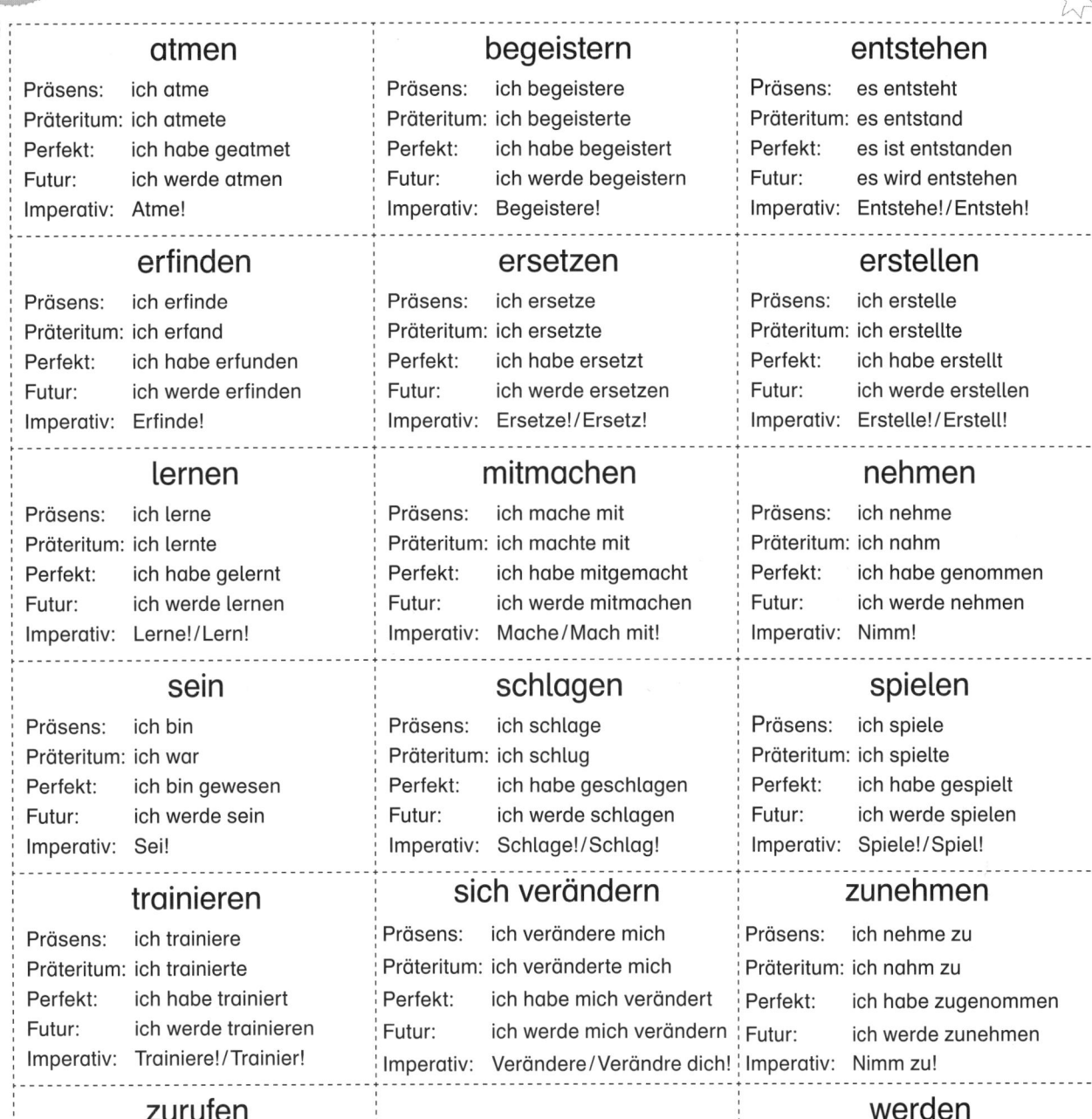

atmen
- Präsens: ich atme
- Präteritum: ich atmete
- Perfekt: ich habe geatmet
- Futur: ich werde atmen
- Imperativ: Atme!

begeistern
- Präsens: ich begeistere
- Präteritum: ich begeisterte
- Perfekt: ich habe begeistert
- Futur: ich werde begeistern
- Imperativ: Begeistere!

entstehen
- Präsens: es entsteht
- Präteritum: es entstand
- Perfekt: es ist entstanden
- Futur: es wird entstehen
- Imperativ: Entstehe!/Entsteh!

erfinden
- Präsens: ich erfinde
- Präteritum: ich erfand
- Perfekt: ich habe erfunden
- Futur: ich werde erfinden
- Imperativ: Erfinde!

ersetzen
- Präsens: ich ersetze
- Präteritum: ich ersetzte
- Perfekt: ich habe ersetzt
- Futur: ich werde ersetzen
- Imperativ: Ersetze!/Ersetz!

erstellen
- Präsens: ich erstelle
- Präteritum: ich erstellte
- Perfekt: ich habe erstellt
- Futur: ich werde erstellen
- Imperativ: Erstelle!/Erstell!

lernen
- Präsens: ich lerne
- Präteritum: ich lernte
- Perfekt: ich habe gelernt
- Futur: ich werde lernen
- Imperativ: Lerne!/Lern!

mitmachen
- Präsens: ich mache mit
- Präteritum: ich machte mit
- Perfekt: ich habe mitgemacht
- Futur: ich werde mitmachen
- Imperativ: Mache/Mach mit!

nehmen
- Präsens: ich nehme
- Präteritum: ich nahm
- Perfekt: ich habe genommen
- Futur: ich werde nehmen
- Imperativ: Nimm!

sein
- Präsens: ich bin
- Präteritum: ich war
- Perfekt: ich bin gewesen
- Futur: ich werde sein
- Imperativ: Sei!

schlagen
- Präsens: ich schlage
- Präteritum: ich schlug
- Perfekt: ich habe geschlagen
- Futur: ich werde schlagen
- Imperativ: Schlage!/Schlag!

spielen
- Präsens: ich spiele
- Präteritum: ich spielte
- Perfekt: ich habe gespielt
- Futur: ich werde spielen
- Imperativ: Spiele!/Spiel!

trainieren
- Präsens: ich trainiere
- Präteritum: ich trainierte
- Perfekt: ich habe trainiert
- Futur: ich werde trainieren
- Imperativ: Trainiere!/Trainier!

sich verändern
- Präsens: ich verändere mich
- Präteritum: ich veränderte mich
- Perfekt: ich habe mich verändert
- Futur: ich werde mich verändern
- Imperativ: Verändere/Verändre dich!

zunehmen
- Präsens: ich nehme zu
- Präteritum: ich nahm zu
- Perfekt: ich habe zugenommen
- Futur: ich werde zunehmen
- Imperativ: Nimm zu!

zurufen
- Präsens: ich rufe zu
- Präteritum: ich rief zu
- Perfekt: ich habe zugerufen
- Futur: ich werde zurufen
- Imperativ: Rufe/Ruf zu!

werden
- Präsens: ich werde
- Präteritum: ich wurde
- Perfekt: ich bin geworden
- Futur: ich werde werden
- Imperativ: Werde!

Zusätzliche Wörter der Niveaustufe 2

rennen
- Präsens: ich renne
- Präteritum: ich rannte
- Perfekt: ich bin gerannt
- Futur: ich werde rennen
- Imperativ: Renne!/Renn!

Forscherstation: Verben im Futur und im Imperativ (Sport der Zukunft – schon heute)

Forscherauftrag 1: Sport der Zukunft – schon heute

Name: .... Datum: ....

Meine Forscherfrage:
Welche Verben zeigen, dass etwas noch nicht passiert ist?

Aufgaben zur Forscherfrage	Erledigt
1. Lies den Text „Sport der Zukunft schon heute".	
2. Lies den Text noch einmal, aber ohne Sprechblase. Markiere alle Verben in diesem Textteil mit einem orangefarbenen Stift. Achtung: Die Verben bestehen aus mehr als einem Wort! Du findest sie mithilfe der Frage: „Was tat …?".	
3. Unterstreiche die Formen von „werden" mit einem lilafarbenen Stift. Was fällt dir auf? Schreibe auf: _____ _____	
4. Schau dir jetzt die Verbteile am Satzende genau an. Was fällt dir auf? Schreibe auf: _____ _____	
5. Was hast du über die Verben herausgefunden? Schreibe auf: Verben stehen im _____, wenn man über Ereignisse in der _____ berichtet. Dafür benötigt man das Hilfsverb „_____" und das Verb im _____ (Grundform).	

Wenn du etwas Wichtiges herausgefunden hast, kannst du es deinem Nachbarn weitererzählen.

Versuchsauftrag 1: Sport der Zukunft – schon heute

Name: .... Datum: ....

Überprüfen: Verben stehen im Futur, wenn man über Ereignisse in der Zukunft berichtet. Dafür benötigt man das Hilfsverb „werden" und das Verb im Infinitiv (Grundform).

1.
   a) Schreibe die Sätze im Futur in dein Heft.

   b) Unterstreiche die Signalwörter, die dir zeigen, dass die Handlung in der Zukunft liegt.

   (1) Sport verändert sich in den nächsten Jahren!

   (2) Bis 2033 entstehen neue Sportarten und alte Sportarten erfinden sich neu.

   (3) Demnächst nehmen vor allem digitale Geräte im Sport zu.

   (4) Mit unserem Roboter KI-Futur-T sind Sie schon bald Teil der Zukunft!

   (5) Unser Roboter ersetzt bereits morgen Ihren Tennistrainer von heute.

   (6) Mit Ihrem neuen Robo-Coach lernen Sie zukünftig auch, mit welcher Aufschlagtechnik Sie am erfolgreichsten spielen.

   (7) KI-Futur-T begeistert Sie – nicht erst in Zukunft!

2. Auch Absichten und Vermutungen werden mit dem Futur ausgedrückt. Streiche die falsche Form in den guten Vorsätzen und festen Versprechen durch.

   (1) Wenn ich groß bin, wirst werde ich den Führerschein machen.

   (2) Ihr werdet werden immer pünktlich aus der Pause kommen!

   (3) Tim und Frida wird werden immer ihr Zimmer aufräumen.

   (4) Peter wird werde sich ein Auto kaufen.

   (5) Wir werdet werden immer an dich denken.

   (6) Wenn ich groß bin, werden werde ich immer ordentlich sein.

   (7) Sabine wirst wird einmal um die Welt reisen.

   (8) Du wirst wird uns bald wiedersehen.

3. Schreibe den Text „Sport der Zukunft – schon heute" ins Präsens (Gegenwart). Vergleiche deinen Text mit dem Text im Futur (Zukunft). Was fällt dir auf?

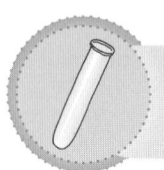

Anwendungsauftrag 1a: Sport der Zukunft – schon heute

Name: .... Datum: ....

> Verben stehen im Futur, wenn man über Ereignisse in der Zukunft berichtet. Dafür benötigt man das Hilfsverb „werden" und das Verb im Infinitiv (Grundform).

1. Setze die richtige Form von „werden" ein.

Infinitiv (Grundform)			spielen	
Einzahl (Singular)		ich (1. Person)	_____ spielen	FUTUR
		du (2. Person)	_____ spielen	
		er/sie/es (3. Person)	_____ spielen	
Mehrzahl (Plural)		wir (1. Person)	_____ spielen	
		ihr (2. Person)	_____ spielen	
		sie (3. Person)	_____ spielen	

2. Konjugiere die Verben und kreise das Hilfsverb ein!

Infinitiv	rennen	geben	nehmen
ich			
du			
er/sie/es			
wir			
ihr			
sie			

3. Schreibe diese Wettervorhersage im Futur in dein Heft.

- Am Wochenende / die Temperaturen / bis auf 5 Grad / sinken
- In ganz Deutschland / es / regnen
- Am Wochenanfang / die Temperaturen / wieder auf 18 bis 20 Grad / steigen
- Die ganze Woche / die Sonne / scheinen

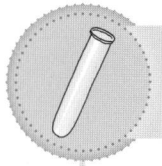

Anwendungsauftrag 1b: Sport der Zukunft – schon heute

Name: _____ Datum: _____

1. a) Suche dir mindestens 1 Mitspieler. Schneidet die Spielkarten aus. Bevor ihr das Spiel beginnt, legt die Karten geordnet ab. So könnt ihr euer Wissen auffrischen und überprüfen, ob das Spiel vollständig ist.

b) Das Spiel wird nach den Regeln des Kartenspiels „Schwarzer Peter" gespielt. Mischt die Karten und teilt alle aus. Einer nach dem anderen zieht eine Karte vom Vorspieler. Kartenpaare sind die zwei Karten mit dem gleichen Verb im Präsens und im Futur. Diese werden abgelegt. Wer am Ende die schwarzen Inliner hat, hat verloren!

2. Wähle fünf Verben aus dem Spiel aus und schreibe Sätze im Futur in dein Heft.

Futur sie wird sehen ↑	Futur ich werde schreiben ↑	Futur ihr werdet bleiben ↑	Futur wir werden lesen ↑	
Futur er wird liegen ↑	Futur sie werden haben ↑	Futur wir werden tun ↑	Futur du wirst finden ↑	Futur sie werden messen ↑
Futur du wirst sein ↑	Futur ihr werdet stehen ↑	Futur es wird laufen ↑	Futur ich werde wissen ↑	Futur ihr werdet sagen ↑
Präsens sie sieht →	Präsens ich schreibe →	Präsens ihr bleibt →	Präsens wir lesen →	
Präsens er liegt →	Präsens sie haben →	Präsens wir tun →	Präsens du findest →	Präsens sie messen →
Präsens du bist →	Präsens ihr steht →	Präsens es läuft →	Präsens ich weiß →	Präsens ihr sagt →

Forscherstation: Verben im Futur und im Imperativ (Sport der Zukunft – schon heute)

Forscherauftrag 2: Sport der Zukunft – schon heute

Name: .... Datum: ....

Meine Forscherfrage:
Gibt es auch besondere Formen von Verben?

Aufgaben zur Forscherfrage	Erledigt
1. Lies den Text „Sport der Zukunft – schon heute".	
2. Lies den Text in der Sprechblase noch einmal. Markiere alle Verben, die der Roboter sagt, mit einem braunen Stift. Wie viele Verben hast du gefunden? Schreibe auf: ☐	
3. Schau dir die Verben genau an. Suche auch die Person, die das Verb ausführt im Text. Was fällt dir auf? Schreibe auf: _____ _____ _____	
4. Was hast du über die Verben herausgefunden? Schreibe auf: Verben stehen in der _____ (Imperativ), wenn man jemanden _____, etwas zu tun!	

Wenn du etwas Wichtiges herausgefunden hast, kannst du es deinem Nachbarn weitererzählen.

Versuchsauftrag 2: Sport der Zukunft – schon heute

Name: .... Datum: ....

Überprüfen: Verben stehen in der Befehlsform (Imperativ), wenn man jemanden auffordert, etwas zu tun!

1. Finde alle 12 Befehlsformen (Imperative) im Rätsel. Male sie an!

> arbeiten atmen essen lassen lernen lesen nehmen rechnen
> rennen sagen spielen trainieren

T	R	A	I	N	I	E	R	L	E	R	N
R	U	S	A	G	F	M	O	A	L	A	R
A	N	N	T	E	L	L	I	S	E	Y	R
I	G	T	M	B	O	I	S	S	B	I	E
A	R	B	E	I	T	E	K	P	A	S	C
T	E	O	R	N	R	S	P	I	E	L	H
S	N	J	E	Z	U	P	O	E	N	F	N
A	N	I	M	M	Z	A	L	K	O	M	E

2. a) Verbinde die Aufforderungen im Imperativ mit den Antworten.

b) Markiere alle Imperative in der Einzahl (Singular) grün und alle Imperative in der Mehrzahl (Plural) blau.

Wirf den Ball hoch!   Ja, ich werde zur Mittellinie laufen.
Rennt schnell!   Ja, wir werden die Bälle einsammeln.
Hör zu!   Ja, ich werde den Ball hochwerfen.
Lauf zur Mittellinie!   Ja, wir werden aufpassen.
Passt auf!   Ja, ich werde warten.
Sammelt die Bälle ein!   Ja, ich werde zuhören.
Warte!   Ja, wir werden am Netz stoppen.
Stoppt am Netz!   Ja, wir werden schnell rennen.

3. Bilde Aufforderungssätze mit den Verben aus Aufgabe 1.

Anwendungsauftrag 2: Sport der Zukunft – schon heute

Name: .... Datum: ....

> Verben stehen in der Befehlsform (Imperativ),
> wenn man jemanden auffordert, etwas zu tun!
> Die Befehlsform (Imperativ) braucht kein Personalpronomen.
> Bildung in der Einzahl (Singular):
> **du spiel-st → Spiel!**   **du atme-st → Atme!**
> Bildung in der Mehrzahl (Plural):
> **ihr spielt → Spielt!**   **ihr atmet → Atmet!**

1. Lukas packt seine Sportsachen. Seine Mutter gibt ihm eine Menge Ratschläge. Schreibe die Aussagen in der richtigen Form daneben.

rote Tasche nehmen   Nimm die rote Tasche!

gelbes T-Shirt einpacken   _____

Sportschuhe in den Beutel stecken _____

das Getränk nicht vergessen   _____

nach dem Training anrufen   _____

2. a) Falte die Puzzlevorlage so, dass du eine Vorder- und eine Rückseite hast, klebe sie zusammen und schneide die Puzzleteile aus!

b) Ordne die Befehlsform (Imperativ) den Aussagesätzen zu und lege die Puzzleteile mit der Bildseite nach oben darauf.

Ich packe meine Badesachen ein.	Ich nehme ein Handtuch mit.	Ich ziehe mich in der Umkleide um.
Ich dusche mich gründlich vor dem Baden.	Ich trockne mich mit dem Handtuch ab.	Ich creme mich mit Sonnencreme ein.

3. Schreibe die Sätze im Imperativ vollständig in dein Heft.

Nimm … mit!	Dusch …!
Zieh … um!	Creme … ein!
Trockne … ab!	Pack … !

Schreibauftrag: Sport der Zukunft – schon heute

Name: .... Datum: ....

> Verben stehen im Futur, wenn man über Ereignisse in der Zukunft berichtet. Dafür benötigt man das Hilfsverb „werden" und das Verb im Infinitiv (Grundform).
> Verben stehen in der Befehlsform (Imperativ), wenn man jemanden auffordert, etwas zu tun!

Nutze die Hilfskarte „Drei-Finger-Probe" beim Schreiben.

1. Schreibe eine Zukunftsgeschichte zu einem der Themen:
   a) Wenn ich erwachsen bin …
   b) Eine Reise in die Zukunft
   c) Wenn ich in der 7. Klasse bin …
   d) Wenn ich bei Oma und Opa bin ..

2. Was wirst du machen, wenn du 18 bist? Schreibe einen Text in dein Heft.

3. An der Schule wird eine Feuerwehrübung durchgeführt. Die Feuerwehr erteilt den Kindern Anweisungen, wie sie sich zu verhalten haben. Schreibe fünf Anweisungen in der Befehlsform (Imperativ) auf.

   das Gebäude verlassen, Türen und Fenster schließen, sich ruhig verhalten, alles stehen und liegen lassen, auf die Lehrkraft achten, das Haus geordnet verlassen

4. Suche dir ein Thema aus. Schreibe 5 Verhaltensregeln in der Befehlsform (Imperativ) auf für den Aufenthalt
   a) im Schwimmbad.
   b) im Bus.
   c) in der großen Pause.
   d) im Kino.

5. Überlege dir Situationen, in denen jemand aufgefordert wird, etwas zu tun. Schreibe verschiedene Aufforderungen auf und male dazu!

   Beispiele: Schlaf gut!   Atme tief ein!   Komm her, Bello!

Forscherstation: Verben im Futur und im Imperativ (Sport der Zukunft – schon heute)

VERB-Spiel: Forscherjagd

Material: 2 Spielfiguren, 2 Würfel

Spielablauf: Sucht euch einen Partner für das Spiel. Das jüngste Kind beginnt, würfelt und rückt seine Spielfigur entsprechend vor. Nun würfelt es erneut und bildet die entsprechende Zeitform des Verbs auf seinem Feld. Die Personalform (ich, du, er/sie/es wir, ihr, sie (Plural)) darf man selbst aussuchen. Ist die Form falsch, muss man 4 Felder zurück. Gewonnen hat, wer zuerst eine komplette Runde absolviert.

- ⚀ Gegenwart (Präsens)
- ⚁ 1. Vergangenheit (Präteritum)
- ⚂ 2. Vergangenheit (Perfekt)
- ⚃ Zukunft (Futur)
- ⚄ Befehlsform (Imperativ)
- ⚅ Würfle erneut!

Spielfeld (im Uhrzeigersinn ab Start):

Start → sein, werden, haben, können, sollen, sagen, geben, müssen, gehen, wollen, stehen, heißen, sehen, bleiben, finden, erklären, lachen, malen, wissen, bringen, tun, nehmen, dürfen, halten, hören, zeigen, liegen, kommen, machen, lassen → Ziel

Anja Schirmer: Kleine Sprachforscher auf der Spur von VERBEN
© Auer Verlag

Wissenstest VERBEN

1. Lies den Text.

2. a) Lies den Text noch einmal.
   b) Unterstreiche alle Verben.

3. Verschiedene Zeitformen: Untersuche alle Verben.
   a) Markiere alle Verben **in der Gegenwart** (Präsens) gelb.
   b) Markiere alle Verben **in der 1. Vergangenheit** (Präteritum) hellblau.
   c) Markiere alle Verben **in der 2. Vergangenheit** (Perfekt) dunkelblau.
   d) Markiere alle Verben **in der Zukunft** (Futur) grün.

4. Reflexive Verben: Untersuche alle Verben.
   a) Unterstreiche alle **Verben mit einem Pronomen**, das sich auf die Person zurückbezieht, lila.
   b) Schreibe alle reflexive Verben mit dem Pronomen auf.

   _____

   _____

5. Verben mit Vorsilben: Untersuche alle Verben.
   a) Unterstreiche alle **Verben mit einer Vorsilbe** braun.
   b) Schreibe alle Verben mit Vorsilben auf.

   _____

   _____

6. Befehlsform: Untersuche alle Verben.
   a) Unterstreiche alle Verben **in der Befehlsform** (Imperativ) orange.
   b) Schreibe alle Verben in der Befehlsform (Imperativ) auf.

   _____

   _____

Forscher-Finale: Verben

Forscherdiplom

FORSCHEN – VERSUCHEN – ANWENDEN

FORSCHERDIPLOM

_____
(Name)

hat den Wissenstest „VERBEN"
erfolgreich bestanden.

Herzlichen Glückwunsch!

_____
Datum, Unterschrift Lehrkraft